ARMER LA RAGE

DE LA MÊME AUTRICE

Chienne, Montréal, Héliotrope, 2019; série P, 2021; Paris, Le Nouvel Attila, 2020; Paris, J'AI LU, 2022.

Marie-Pier Lafontaine

ARMER LA RAGE

Pour une littérature de combat

K

HÉLIOTROPE

Maquette et illustration de couverture: Antoine Fortin
Maquette intérieure et mise en pages: Yolande Martel

Données de catalogage disponibles

ISBN: 978-2-89822-172-9

Dépôt légal: 1er trimestre 2025
Bibliothèque et Archives nationales du Québec
Bibliothèque et Archives Canada

Héliotrope reconnaît l'appui financier du gouvernement du Canada. | Canada
Héliotrope remercie le Conseil des arts du Canada et la Société de développement des entreprises culturelles du Québec (SODEC) de leur soutien.
Héliotrope bénéficie du Programme de crédit d'impôt pour l'édition de livres du gouvernement du Québec, géré par la SODEC.

IMPRIMÉ AU CANADA

J'imagine cet essai comme un combat. Je voudrais écrire un essai-colère, un essai-rage. Qu'il soit reçu comme une avalanche de coups. Entre chaque phrase, il faudra visualiser une énergie qui se déploie. Il faudra voir les muscles de mes cuisses se contracter, mon centre de gravité s'abaisser et mes poings en position de garde. Il faudra comprendre pourquoi je m'efforce de maintenir mes épaules détendues et mes réflexes alertes, imaginer avec précision un coude qui se baisse légèrement, des hanches qui se tournent. Voyez leur rotation, voyez comme elles suivent l'élan du bras, le propulsent vers sa cible. Entre chaque mot de chacune des phrases qui composent ce texte, il faudra entendre le bruit d'un corps qui en cogne un autre. Les martèlements de ma colère ne suffiront peut-être pas à faire éclater l'histoire de ma famille. Alors, il vaudra mieux garder en tête l'image de bandages noirs autour de mes jointures. Ils enrubannent leur tranchant, empêchent la peau de se fendre, me protègent des fractures aux poignets. Ils me permettent surtout de frapper plus fort.

L'agression de trop

Un des conseils qui me mettait le plus hors de moi après qu'un homme m'a agrippé les fesses sur le quai d'une station de métro à Montréal était de ne plus prendre les transports en commun. Jamais. Le petit ami de l'époque, qui avait refusé de m'accompagner au poste de police – il faut le comprendre, il aurait manqué sa partie de volleyball –, ne se gênait pas pour me le répéter. Des collègues et des amies y allaient toutes de leurs recommandations : me rendre à l'université en voiture, acheter du poivre de Cayenne, tenir mes clés entre mes doigts lors de mes déplacements, ou encore traîner un canif dans mon sac à dos. Ces « solutions » qu'on tentait de m'enfoncer dans la gorge se résumaient à fuir ou à porter une arme. En plus de sous-entendre qu'une autre attaque était inévitable, elles mettaient en lumière l'inégalité des forces : j'aurais besoin d'un couteau ou d'un objet contondant pour me défendre.

Il va sans dire que l'agresseur, lui, un homme petit et en surpoids qui cachait son érection derrière un manteau en cuir noir, avait pour seules armes un sexe dressé et des mains baladeuses. Un sentiment d'urgence peut-être aussi. Excité. Prêt à tout pour qu'un regard terrifié se pose sur lui, pour qu'une femme pense qu'il a le pouvoir de lui retirer sa dignité ou sa vie. Vivement l'humiliation d'une autre femme. Déambuler dans le cloaque de ses fantasmes ne le satisfaisait sûrement plus. Affirmer sa perversion en plein jour ne pouvait plus attendre, d'où le passage à l'acte. Et c'est lui qui, en réveillant la peur dans la moelle de mes os, allait rouvrir le coffre de mes traumas d'enfance. Un inconnu. Qui ne devait pas avoir plus de trente ans. Je l'imaginais habiter dans le sous-sol humide de la maison de ses parents. Parmi les ombres et les bestioles. J'étais convaincue qu'il se branlerait en pensant à son bassin contre le mien, à sa fébrilité lorsque ses doigts avaient quitté mes fesses pour se déplacer entre mes cuisses. Cet être-là allait réactiver chez moi un sentiment d'impuissance fondateur et depuis longtemps refoulé. Il allait commettre non pas la première agression, mais celle de trop. Celle qui ferait éclater les remparts qui me protégeaient de la réalité de l'enfance. Car soudain la barbe de cet homme et celle de mon père se sont superposées. Le bouleversement a été radical. Et cette fracture dans la matière du temps, par où le sens de mon identité allait s'effondrer, et par où les pires souvenirs allaient resurgir, avait été provoquée à mains nues. À mains nues. Et moi, je ne devrais plus quitter mon domicile sans bouclier ni armure ? J'étais enragée.

Je me suis figée. Perdue entre le début des attouchements et la compréhension de ce qui était en train de se passer, je me suis figée. Pourtant, j'aurais pu me retourner. Placer la paume de mes mains sur son torse et le repousser avec toute la puissance de mes bras. J'aurais pu lui hurler de me laisser tranquille. Lui donner un coup de pied, un coup de poing, un coup de coude. Sur le nez, au ventre, dans les parties génitales. Alerter un gardien de sécurité. Chercher de l'aide du regard. Lui lancer mon sac à dos. Lui lancer des injures, lui cracher dessus. C'est vrai que je ne portais pas de couteau à cran d'arrêt ni de nunchaku. Si tel avait été le cas, est-ce que ma réaction aurait été différente ? J'en doute. Dans *King Kong théorie,* Virginie Despentes raconte qu'elle avait un couteau sur elle au moment où des hommes se sont mis à plusieurs pour la violer. L'idée de sortir l'arme et de les menacer, voire de les couper au visage, ne lui est jamais venue à l'esprit.

Avant de subir un trauma, la réalité semble nous soutenir, nous maintenir à une place précise dans la marche du monde. Elle encadre notre vie de balises étanches et scrupuleusement définies. Et alors qu'on se croit en pleine possession du réel, qu'on considère les frontières imperméables entre l'intérieur et l'extérieur, voilà qu'une personne (ou plusieurs) décide de forcer l'entrée de notre corps, décide, du haut de ses excès de haine, de nous empoigner le sexe, de nous dominer, de nous humilier, de nous détruire. La part imprévisible et inattendue de l'événement violent franchit nos barrières défensives si soudainement et avec une force si vive, si brutale qu'il devient difficile de répondre au danger de manière effective. L'impossibilité – réelle ou imaginaire – de fuir ou d'éviter la menace désorganise le circuit autodéfensif qui, habituellement, en situation de danger, aurait stimulé le système nerveux sympathique et provoqué une poussée d'adrénaline. Or, durant le trauma, il y a effraction : le monde de l'autre franchit mon monde intérieur. Sans avertissement, sans médiation ni préavis. Cette déchirure dans l'enveloppe psychique causée par ce qui, dans l'attaque, relève de l'inouï neutralise notre capacité à réagir, nous ravit à nous-mêmes, nous capture. Toute agression sexuelle – la pénétration non consentie d'une partie du corps, mais aussi les attouchements, le frotteurisme, le *stealthing* (retrait non consenti du préservatif), les actes exhibitionnistes... – destitue le *moi* de ses pouvoirs d'action et de réaction. Il ordonne un exil. L'intrusion en soi de l'extrême, d'une fureur misogyne, cette rencontre pathologique nous dérobe notre puissance d'agir. Elle nous ramène à un stade primitif, au temps de l'avant-soi, où notre identité n'était pas encore constituée. Les spécialistes du trauma psychique appellent ça la sidération traumatique. Une fuite immobile. Un état de choc. Une stupéfaction et l'impossibilité de sortir le couteau de sa poche, de partir en courant, de répondre sur-le-champ à un événement menaçant.

L'agression sexuelle est une bombe lancée dans nos trajectoires personnelles. Sa déflagration bouleverse absolument tous nos repères. Et les représentations symboliques par lesquelles sont filtrés et formés nos liens à l'autre, à l'humain, se trouent. La compréhension de ce qui arrive au moment où ça arrive s'échappe par cette brèche. Car comment appréhender le fait qu'un père, un ami, un inconnu, un voisin, un beau-frère, une conjointe, un collègue, un oncle, un groupe veuille nous placer sous sa gouvernance? Notre manière de circuler dans le monde et de l'habiter en sera radicalement transformée, viciée. L'instant de la confrontation sensorielle, du coup, du viol devient alors le point d'origine d'une nouvelle réalité. Le chamboulement opéré va jusque-là.

En somme, les études sur le trauma nous apprennent que c'est par stupeur que nous nous figeons sous les doigts, la bouteille de bière ou l'érection de l'assaillant. La surcharge émotive abolirait nos méthodes individuées de réaction. La perte de contrôle serait totale. Comme je n'avais pas encore lu d'essais théoriques sur le trauma au moment de l'épisode du métro, le fait d'avoir été pétrifiée, de ne pas m'être défendue à l'instant où un petit brun transgressait les limites de mon intimité m'a paru terrifiant. J'étais née avec un défaut d'existence. Pendant les semaines qui ont suivi l'agression, l'anomalie congénitale dont j'étais convaincue de souffrir étendait son ombre sur toutes les sphères de ma vie. Comment dormir sans instinct de survie? Si mon organisme tombait en apnée du sommeil, aucune alarme intérieure ne me réveillerait. Comment me défendre contre un cambrioleur ou une intruse sans instinct de survie? Il fallait vérifier que la serrure de la porte d'entrée soit bel et bien enclenchée.

Plusieurs fois par soir. Comment sortir seule ? Circuler entre les masses dans une salle de concert ? Demander un lift à un collègue ? Me sentir en sécurité lors d'une soirée arrosée ? Faire confiance au père du petit ami ? Comment même refuser un rapport sexuel si j'étais dépourvue de réflexes d'autopréservation ? Il y avait une étrangère en moi qui souhaitait ma fin, et je devais lutter contre elle. La peur était devenue une sorte de compromis entre elle et moi. Un manteau qui éloignerait la mort. Qui me protégerait d'une nouvelle agression. L'hypervigilance servait la même fonction. Je calculais la distance entre les corps sur les quais du métro. Connaissais l'emplacement des portes de sortie d'urgence de chaque lieu visité. Vérifiais sans arrêt sur les trottoirs que personne ne me suivait. M'assurais de ne pas laisser un homme attendre trop près de moi dans la file à la banque, à l'épicerie, au comptoir d'un restaurant. Le monde rétrécissait. Un voile sombre persistait à enrober mes pensées, à obstruer la lumière. Le souvenir fragmenté de ce jour froid d'octobre refaisait sans cesse irruption, perçant l'étoffe des jours les plus banals. L'emprise de la menace se prolongeait jusqu'au creux du quotidien. Et cela entravait mon désir d'oubli, de faire comme si rien ne s'était passé.

Ce sont ces symptômes de stress qui me permettent d'appeler la scène du métro un trauma et pour cela je m'inspire des travaux de Cathy Caruth. Pour qu'il soit question de trauma, il faut que la destructivité excède le choc des premiers instants – qu'elle soit différée ou immédiate. Ce qui fait trauma est l'impossibilité d'en limiter la portée. La détresse s'acharne sur notre psychisme. Tout comme la pulsion de mort. Le traumatisme se déclenche donc dans l'après-coup de l'épisode. Il en est sa réponse symptomatique, une interprétation. Le contrecoup. Il nous transporte au-delà de la frayeur initiale. Nous enferme dans une panique assiégeante, soit dans le hors-temps de la mémoire traumatique.

L'ampleur de l'effroi au moment de l'attaque crée un choc émotif. Et ce choc émotif rend difficile l'intégration complète de l'événement. Ce nouvel élément à assimiler est délié, sans connexion immédiate avec ce qui paraît composer la trame de notre vie. Il flotte. Le souvenir de l'épreuve ne trouve donc pas de site narratif où se loger. Il s'enregistre sans verbe dans le cerveau. De manière lacunaire et morcelée. En effet, la mémoire traumatique ne suit pas une logique narrative classique, avec un début, un milieu et une fin. Le souvenir prend plutôt corps dans une forme altérée de la conscience, c'est-à-dire à part, détachée du contrôle de la pensée. Ce qui entraîne d'ailleurs une sorte d'amnésie. Les images, les sensations ou les émotions peuvent aussi se cristalliser de manière vivide, comme c'est le cas avec l'hypermnésie. Dans la phase post-traumatique, ces sentiments (colère, fatalité, peur...) referont surface à l'intérieur d'une boucle intrusive et anxiogène. Le passé et le futur sont abolis dans l'état de stress post-traumatique. Le temps se replie sur lui-même alors que le souvenir se rejoue indéfiniment dans les cauchemars et les flashbacks. Avec une intensité telle que le caractère purement virtuel, strictement mnésique de l'agression s'efface. Nous replongeons alors entièrement dans la scène.

Dans un métro bondé, la peur revenait, me coupait le souffle. J'avais les nerfs à vif, en état d'alerte. J'étais prête à bondir. Une douleur cinglait ma boîte crânienne. Un homme s'apprêtait de nouveau à m'agresser.

Lorsque des flashbacks de mon enfance surgissaient pendant l'écriture de mon premier roman, j'entendais les hurlements de douleur de ma fratrie comme si j'y étais encore. Le sentiment d'impuissance m'envahissait par vagues paralysantes. Je demandais autour de moi, paniquée, presque délirante, comment faire pour ne plus entendre les cris, comment faire pour les chasser. Ils se réverbéraient contre les murs de ma chambre, me suivaient au travail. J'ai demandé à une collègue pourquoi mes frères hurlaient depuis aussi longtemps. Pourquoi aussi aigu, aussi fort. Ne les entendait-elle pas, elle aussi ? De la chair semblait gicler de leurs bouches ouvertes. J'ai supplié dans mon lit d'adulte, supplié mon père de lâcher le bâton de bois. J'implorais un homme absent, invisible d'arrêter de frapper ce corps recroquevillé. Je me retrouvais dans la maison familiale, encore une fois prisonnière de son sadisme, en pleurs sous des draps mauves, j'avais vingt-huit ans.

La rencontre avec l'homme au manteau a créé une onde de choc qui s'est prolongée sur plusieurs années. La souffrance s'est diffractée, en quelque sorte. M'a menée à un second diagnostic de syndrome de stress post-traumatique. Directement lié aux mauvais traitements de l'enfance, et beaucoup plus sérieux, celui-là. Lorsque la deuxième vague de symptômes m'a frappée de plein fouet (terreurs nocturnes, état d'alerte constant, flashbacks, fatigue intense, irritabilité, hypersomnie), j'avais l'avantage de comprendre ce qui m'arrivait. Tandis que la première fois, j'y croyais plus ou moins. Il me semblait que des attouchements par-dessus les vêtements ne constituaient pas une atteinte suffisamment grave. Après tout, on ne m'avait pas violée. Pas selon l'acception courante du terme, du moins. J'avais dans l'idée qu'un trauma était causé par un événement d'une ampleur exceptionnelle. Comme une avalanche, un accident de train, des atrocités de guerre, la mort violente d'un proche, un braquage à main armée ou un viol collectif. Se faire tripoter par un inconnu dans un lieu public s'avère somme toute assez banal dans la vie d'une femme, et même courant. Ce n'est pas quelque chose d'extraordinaire ou d'exceptionnel.

Dans la troisième version du *Manuel diagnostique et statistique des troubles mentaux* de l'Association américaine de psychiatrie (DSM-III, 1980), on trouve pour la première fois le terme: état de stress post-traumatique (PTSD, en anglais). Selon sa définition, cet état de stress ne s'appliquerait qu'au cas d'un sujet souffrant qui aurait été exposé à un événement *hors du commun*. C'est-à-dire en dehors de l'expérience humaine moyenne. Un cadre de vie «normal» ou «universel» ne prend souvent en compte qu'une seule réalité, celle des hommes blancs hétérosexuels. Je ne pense pas me tromper en affirmant que le corps médical nord-américain des années quatre-vingt était majoritairement masculin, blanc et bien payé.

Ce sont les dominants qui écrivent les manuels médicaux et créent les discours scientifiques. Tout comme ce sont eux qui profitent du maintien en place des systèmes d'oppression. Avant les apports féministes à la discipline, comme ceux des psychologues américaines Maria P. P. Root et Laura S. Brown, la norme à partir de laquelle mesurer le degré traumatique d'une situation était tout simplement androcentrique. Cela signifiait, selon Brown, que les événements considérés dans le pronostic étaient ceux qui perturbent avant tout spécifiquement la vie des hommes des classes dominantes. Ou, à la limite, la vie des hommes *et* des femmes de ces classes. Était donc validé tout contexte contenant suffisamment d'horreur, d'abjection ou de danger pour raisonnablement laisser croire qu'il entraînerait chez l'homme moyen une grande détresse, ainsi qu'un trouble majeur sur le plan émotif, psychologique et relationnel. Les attentats terroristes, les guerres et les accidents de voiture, par exemple, entraînaient *de facto* des traumas. Tout comme les catastrophes naturelles.

Mais les violences interpersonnelles, le harcèlement, l'intimidation ou les agressions sexuelles commises à l'intérieur du couple en étaient exclus.

C'est dans ce contexte que la théoricienne Maria P. P. Root, au début des années quatre-vingt-dix, conceptualise des modes d'interprétation et d'approche féministes par rapport au syndrome de stress post-traumatique ou de stress post-traumatique complexe – ce dernier terme renvoie au dysfonctionnement de sujets ayant vécu des sévices répétés dans l'enfance. Inventée par la psychiatre Judith Lewis Herman en 1992, la notion décrit plusieurs symptômes spécifiques à ce type de traumas: problèmes dans la régulation des émotions, souvent évitées par dissociation; relations difficiles ou instables; estime défaillante; sentiment chronique de culpabilité; comportements à risque, impulsivité... Root subdivise le trauma en trois modalités distinctes: il sera direct, indirect ou insidieux. Elle décloisonne la notion de sa seule sphère directe et individuelle afin de l'étendre à la réalité des femmes, des minorités de genre, des communautés et des groupes marginalisés. Il s'agissait par là de replacer le trauma dans un cadre d'analyse sociopolitique. D'étudier la violence à l'œuvre dans le patriarcat afin de faire apparaître son caractère systémique. Avec Root, soudain, une communauté ou un groupe d'individus (femmes, communautés LGBTQIA+, personnes racisées...) peut souffrir d'un tel type d'entame psychique, au même titre qu'une citoyenne ou un citoyen unique.

Root et Brown refusent toutes deux les limitations des théories principales sur le trauma: les critères qui définissent un «vrai trauma» sous-entendent que les membres du groupe dominant, ceux-là mêmes qui décident des critères de diagnostics, ceux-là mêmes qui nous agressent, pourraient être victimes d'un acte traumatisant, sans en être les auteur·trices ou les agent·es. Comme l'explique bien Laura S. Brown dans son article *Not Outside the Range: One Feminist Perspective on Psychic Trauma*, le problème avec le fait de croire qu'un événement ne peut être traumatique que lorsqu'il se produit à l'extérieur du spectre des expériences humaines que l'individu moyen pourrait s'attendre à vivre au cours d'une vie, c'est que cela octroie à une grande partie de la société le privilège de se penser à l'abri de la violence, invulnérable, intouchable. D'en être hors de portée, et donc évidemment, non responsable. Se sentir en sécurité au quotidien exige peut-être de rejeter la catastrophe en dehors des limites du possible. De l'autre côté de ses barrières invisibles. Sauf que cette négation de l'horreur humaine est un luxe que la plupart des femmes ne possèdent pas. Les personnes vulnérables, les personnes racisées, homosexuelles et celles souffrant d'une incapacité non plus. Celles et ceux qui arrivent à se dérober derrière le mensonge de l'exceptionnalité de la violence sexuelle, entre autres violences, sont les privilégié·es de nos sociétés (une amie m'a déjà dit que le privilège des hommes est de pouvoir se coucher le soir sans avoir pensé une seule fois au sexisme dans leur journée. Mon privilège, en tant que femme blanche, est de pouvoir me coucher le soir sans avoir pensé au racisme). Ils et elles peuvent se désengager de la réalité de nos oppressions, tout en restant spectateurs passifs ou spectatrices indignées de la destruction de nos subjectivités – l'indignation demeure la manière la plus noble d'éviter sa part de responsabilité.

Il y a une certaine forme de violence éthique dans le fait de ne pas se sentir concerné·e par les traumas subis par les autres. Sans empathie, comment réussir à s'identifier aux victimes, aux survivantes? Et sans identification, comment préserver leur humanité? Ne pas reconnaître en l'autre une part de soi permet d'oublier que la voix éraillée d'avoir hurlé trop longtemps aurait tout aussi bien pu être la nôtre, permet d'oublier que les violences sont majoritairement perpétrées en secret, derrière les portes closes de la maison familiale, dans l'ombre de la veilleuse où le père, l'oncle ou le grand frère jure que cette fois sera la dernière, ou dans les bureaux verrouillés des patrons et des directeurs d'entreprises, ou encore dans le lit du petit ami qui en a marre d'attendre le consentement. Cela permet d'oublier que seul un concours de circonstances favorables nous aura épargné·es sans lequel nous pourrions, nous aussi, être des victimes. Une fois que nous reconnaissons que les violences contre les femmes, peu importe leur âge, sont statistiquement non exceptionnelles, qu'elles s'avèrent fréquentes, récurrentes et quotidiennes et que, à cause de cela, elles sont d'autant plus traumatisantes, il devient alors difficile d'ignorer les mécanismes d'oppression au cœur de plusieurs de nos institutions, de même que leurs impacts aliénants; il devient difficile de croire la définition du DSM-III.

Les disparitions de milliers de femmes issues des Premières Nations au Canada, le harcèlement sexuel dans les milieux universitaires, le *catcalling* (harcèlement de rue), les menaces de viol que brandissent des hommes aux féministes qui prennent la parole sur la place publique, le profilage racial commis par les corps policiers, l'existence d'une sous-culture incel (célibataires involontaires), le souvenir de la tuerie de Polytechnique à Montréal, le 6 décembre 1989, où un antiféministe a tué quatorze femmes, les meurtres de femmes trans, les crimes haineux, la popularité de la pornographie dure menacent au quotidien le sentiment de sécurité des femmes de couleur, des lesbiennes, des femmes autochtones, des femmes transgenres et de toutes les autres. Tout cela participe des traumas. Prétendre le contraire, prétendre qu'il s'agit d'actes fâcheux, mais non traumatisants, encourage leur répétition. Et ne provoque aucun changement structurel. Alors, même si la définition psychiatrique du DSM-III remonte aux années quatre-vingt, les conséquences d'une vision aussi restrictive du trauma, où le sujet doit avoir vécu dans sa propre chair un assaut d'une ampleur démesurée pour souffrir de la violence, persistent encore aujourd'hui. Il suffit de constater la facilité avec laquelle les témoignages sont d'avance discrédités.

Je pense à la culpabilisation des victimes. À cette tendance encore actuelle à chercher de quelle manière la victime aurait bien pu provoquer l'agression commise contre elle. On sait pourtant bien que c'est la haine qui pousse au viol. La haine et un sentiment d'impunité.

Je pense à l'expression «criss de folle». Vous savez, ces femmes accusées par leur ancien partenaire agresseur d'être complètement «folle / hystérique / démente / cinglée». Les «criss de folles» sont des femmes qui réagissent aux violences machistes. Tout simplement. Celles qui demandent le respect et ne l'obtiennent pas; celles qui sont en colère, épuisées, dépassées, souffrantes, surchargées par leurs tâches; les invalidées, les surmenées; celles qui sont sous le choc; les féministes, les lesbiennes; celles qui s'opposent, résistent et dénoncent; les frustrées et les enragées; les atypiques, les sorcières; les écœurées de torcher les enfants des autres, de ramasser leur conjoint; les antiracistes, les brisées, les féroces et les têtes fortes. Les «criss de folles» sont toutes des sujets qui refusent les humiliations.

Je pense à la hiérarchisation des violences sexuelles. Limiter le mot «viol», dans l'imaginaire collectif, à une pénétration non consentie laisse dans l'ombre d'autres types de violences sexuelles : les attouchements, le frotteurisme, le harcèlement sexuel et l'exhibitionnisme. Ou encore la coercition sexuelle, lorsqu'une personne, par ailleurs souvent aimée, profère à répétition des contraintes verbales pour imposer un rapport sexuel non désiré. Certaines de ces actions semblent moins intrusives que d'autres, mais elles peuvent tout aussi bien provoquer un trauma. Les symptômes de détresse ou de panique n'en seront pas moins souffrants. Placer une forme d'agression au-dessus des autres autorise implicitement une plus grande tolérance envers ces comportements toxiques ; et leur banalisation. Ce qui n'est pas sans invalider dangereusement le ressenti des survivantes, des combattantes.

Je pense aux blagues de viol. Elles suggèrent que le sujet des violences sexuelles contient une matière potentielle pour l'humour, qu'il faudrait en rire, les dédramatiser. En plus de moquer à voix haute ce qu'on prend parfois toute une vie à nommer correctement, les blagues de viol enterrent, sous des rires gras, nos pires humiliations.

Je pense aussi au détournement cognitif (*gaslighting*), cette manipulation mentale qui déforme la perception de la réalité et parvient à faire douter une personne d'elle-même. Par le mensonge, l'omission sélective, le détournement d'informations, l'agresseur·e fausse des faits et provoque de l'anxiété ou de la confusion chez sa partenaire ou son enfant, s'attache même à les faire douter de leur propre mémoire. Et en arrive à remettre en question leur santé mentale. L'estime de soi se dégrade, tandis que s'accroît le lien de dépendance au conjoint, à la partenaire ou au père.

Je pense souvent à la pornographie *mainstream*, qui normalise les violences contre les femmes. Il suffit de faire un tour rapide des sites de pornographie les plus populaires, *Pornhub* par exemple, pour se rendre compte que la plupart des scènes contiennent des actes d'agression majoritairement dirigés contre des femmes et que l'imaginaire de l'inceste et de la pédophilie y est dominant.

Je pense à la facilité avec laquelle les violeurs échappent au système judiciaire ou s'en sortent pratiquement indemnes. Quelques exemples me viennent d'emblée à l'esprit:

Stanford, 2015. Brock Turner, le violeur d'une jeune femme de vingt-trois ans[1], inconsciente au moment de l'agression, a été condamné à six mois d'emprisonnement après avoir été reconnu coupable de trois chefs d'accusation: 1) agression avec intention de commettre un crime sur une personne en état d'ébriété/inconsciente; 2) pénétration d'une personne en état d'ébriété; 3) pénétration d'une personne inconsciente. Il risquait jusqu'à quatorze ans de prison. Mais les procureurs n'ont réclamé que six ans. Alors que la loi californienne préconise une peine minimale de deux ans, cet homme blanc, athlète vedette de l'équipe de natation de son université, n'aura purgé que trois mois de prison.

Calgary, 2014. Alexander Wagar agresse une jeune femme de dix-neuf ans dans une salle de bain[2]. Au procès, le juge Robin Camp demande à la dénonciatrice pourquoi elle n'a pas serré les genoux. Après tout, précise-t-il, «vos chevilles étaient tenues ensemble par vos jeans, vos skinny jeans». Et il acquitte le violeur.

1. «Le procès pour viol qui scandalise les États-Unis» (*Le Monde*, 7 juin 2016).
2. «Le juge qui disait de serrer les genoux» (*La Presse*, 13 novembre 2015).

Et cette histoire qui n'a pas fait les manchettes mais qui s'est rendue jusqu'à moi : Montréal, 2015. Je prends un café avec mon conseiller financier. Il me raconte avoir accompagné une amie lors d'un procès pour violence conjugale. L'ancien conjoint de cette femme la battait. C'était un homme stratégique : il ne donnait les coups de poing que sur le haut des cuisses. Personne ne pouvait voir les ecchymoses. Même quand elle était en jupe. À la barre, l'avocat de la défense bombarde la plaignante de questions intimes et humiliantes. Elle éclate en sanglots. Elle pleurera tout le long de son témoignage. L'accusé est reconnu non coupable. L'avocat de la couronne expliquera à la plaignante que pleurer sans relâche lui aura fait perdre sa crédibilité. Dans ce cas, on aura estimé qu'une femme dévastée par le cycle de la violence conjugale (escalade de la tension → explosion → accalmie → lune de miel ou rémission → escalade de la tension...) est tout simplement irrationnelle.

La remarque de l'avocat révèle très peu subtilement le sexisme qui a cours dans le milieu judiciaire. Une femme qui exprime sa détresse dans un tribunal est perçue comme dominée par ses émotions, ou pire, ses hormones. Les larmes montreraient l'hystérie féminine, et l'hystérie féminine ferait apparaître la non-fiabilité du témoignage. Et bien entendu une absence d'émotion prouvera la même chose...

* * *

L'homme du quai, après en avoir fini avec moi, est entré dans le métro bondé qui venait d'arriver. Il s'est dirigé vers une autre passagère. Elle avait l'air d'une étudiante, elle aussi. Elle semblait sortir de classe. Les touchers entre ses cuisses l'ont choquée. Je l'ai vu. J'ai vu ses traits se froisser. Elle s'est libérée des doigts de l'inconnu. L'homme au manteau est sorti à la station suivante. Dès que les portes se sont refermées, nous avons recommencé à respirer, toutes les deux. Elle a plaqué son dos contre la porte fermée du wagon. Ses bras se sont refermés devant sa poitrine. Des années plus tard, je repense encore souvent à son corps entièrement crispé. Aux regards lancés à droite, à gauche. Comme si elle n'arrivait pas à croire à ce qui venait de lui arriver. Elle n'a pas remarqué que j'essayais d'attirer son attention. Elle semblait enfermée. Ailleurs. Seule dans sa panique.

Il est difficile de ne pas sombrer à la vue d'une autre personne violentée devant soi, de ses giclures, de ses caillots. Surtout lorsqu'on partage le même profil génétique. Je pense souvent à l'écrivaine Chloé Delaume. Son père a tué sa mère devant elle, lorsqu'elle était enfant. Il a ensuite retourné l'arme à feu contre lui. Sous le regard terrifié de sa fille. Cette scène s'ajoute à d'autres scènes emprisonnées en moi, elle s'ajoute à celles d'autres femmes, d'autres corps violentés. Comme celui de mes sœurs pourchassées par mon père à travers les pièces de la maison. Ma mère et son visage tuméfié. La femme empoignée à la gorge par son petit ami dans un bar. La sans-abri sur le trottoir, ravagée par l'enfance. J'ai reconnu la dureté triste du regard, les réflexes d'un animal. Un homme saoul menaçait de l'égorger. À l'écran, une femme a été exécutée sous mes yeux. Une balle en pleine tête, en pleine rue, dans un autre pays. À Toronto, elles marchaient sur le trottoir. *Corriger* les femmes se fait maintenant aussi à coup de camion-bélier. J'ai les rétines tapissées d'angoisses, de lésions, de brûlures, de sang. J'ai été témoin toute ma vie des couleurs que prennent les contusions, et encore aujourd'hui ça continue. Chaque fois, je suis ramenée à mon père. Aux origines de ma peur. Pour décrire cela, Maria P. P. Root parle de *traumas indirects*.

Le trauma indirect est un choc psychologique causé, entre autres, par une identification significative à un autre corps meurtri. Que cette identification passe par la couleur de la peau, la filiation, le genre, l'orientation sexuelle ou encore un handicap importe peu. La conscience de sa propre vulnérabilité se (re)mettra à sourdre. La crainte pour la vie d'une autre femme, de notre mère ou de nos sœurs est aussi puissante et traumatisante qu'elle atteste de notre fragilité. L'imminence du danger ou de la mort creuse dans nos cœurs des paniques insondables. En être témoin peut d'autant plus être perturbateur que l'identification à la victime est conflictuelle. La scène d'une autre femme violentée ranimerait la virulence de nos propres souvenirs, de toutes ces fois où l'on aura été brûlée par la violence du monde. Dans ce contexte, il arrive que la tentation de s'identifier au coupable plutôt qu'à la victime devienne séduisante: la demande implicite de cette femme entre en conflit direct avec notre propre désir d'oubli. On souhaiterait à tout prix échapper aux réminiscences, on voudrait faire disparaître le passé, en effacer les moindres traces, s'extirper de la honte et du statut de victime, mais voilà qu'une autre femme en appelle à notre mémoire, exige silencieusement qu'on se souvienne avec elle, pour elle, de ce qu'elle voudra à son tour oublier. Et pourtant. Pourtant malgré toute la détresse que crée le souvenir, qu'on soit survivante ou témoin, la réalité traumatique doit demeurer présente dans nos consciences. Car c'est ainsi et ainsi seulement qu'on pourra surmonter les principes répétitifs qui structurent autant la violence que le trauma.

Directs ou indirects, les traumas possèdent la même logique symptomatique, soit celle du ressassement. L'écrivaine Annie Ernaux l'a compris très jeune. Dans *La honte*, elle explique que son père a voulu tuer sa mère un certain dimanche après-midi de juin, lorsqu'elle était enfant. Pendant une grande partie de sa vie, elle a cru que la scène se reproduirait, certaine qu'il ne pouvait s'agir d'un acte isolé. La violence contre les femmes et les filles, contre nos mères et nos tantes est une histoire de répétition et de retour. Chaque année, des milliers de pères violent leur propre enfant. Des milliers de maris tuent leur conjointe. Des milliers de fillettes voient leur mère être poussée, battue et insultée. Des milliers. Chaque année. Personne n'est surpris d'entendre la même histoire pour la millième fois. Alors, la violence contre les femmes n'étonne personne. Alors se rejouent les viols, les meurtres et les tueries.

* * *

La policière rencontrée le soir de l'agression par l'homme du métro m'a dit: *vous n'êtes pas sa première.* Évidemment que je n'étais pas la première. Il avait fait une seconde victime directement devant moi. En plus de toutes celles qui nous avaient précédées. La tentation de l'interdit exerce une fascination dangereuse sur certains individus. Pour eux, transgresser un interdit fondamental, c'est peut-être une manière d'étendre leur propre existence au-delà de leur personne. Une manière non seulement de dominer l'autre, mais de carrément l'évincer hors de lui. De prendre sa place. Les agresseurs souhaitent donner de l'expansion à leur *moi*. En le faisant gonfler de sang tel un tissu érectile. Ce qui peut donner une illusion de toute-puissance. Et c'est cette illusion, cette capacité à anéantir, qui les excite autant. Bien sûr, la réalisation de ce meurtre symbolique n'est exécutable que dans le corps-à-corps. Une pleine jouissance commande un assaut frontal et ciblé. Une participation active au massacre des femmes. Les têtes hurlantes, défigurées et couvertes de sang doivent quitter le territoire de la fiction et trembler contre la pointe de leur sexe. L'homme du métro voulait qu'un visage épouvanté traverse la frontière du fantasme pour entrer dans le réel. Un moment palpitant pour lui. La fugacité de la sensation l'aura déçu. Il aura dû agresser de nouveau. Alors, oui, je n'étais pas la première, il n'y a rien de surprenant là.

La policière m'a aussi expliqué que je ne devais pas l'approcher si je le croisais de nouveau. Ne pas le confronter, ne pas essayer de me venger. Elle m'a demandé de ne pas me faire d'espoir. Leurs chances de l'arrêter étaient minces. Elle m'a aussi spécifié de ne pas trop attendre un appel rapide de l'inspectrice qui se chargerait du dossier, tout ça nécessitait du temps. Huit ans plus tard, je n'ai toujours pas été contactée. Et le pantalon que je portais ce jour-là repose encore dans un sac, quelque part dans leur entrepôt de pièces à conviction.

Son collègue m'a fourni des informations sur les centres d'aide aux victimes d'actes criminels (CAVAC), m'a recommandé d'appeler le numéro au bas de la brochure. Une de leurs intervenantes spécialisées dans les crimes sexuels m'a fortement encouragée à éviter de me blâmer. Il me serait davantage profitable de m'inscrire à un cours d'autodéfense pour femmes.

L'atelier était offert par un policier de la Ville de Montréal. Nous étions une dizaine en cercle sur les tapis du dojo. Des mères avaient inscrit leur adolescente, des amies trentenaires étaient venues à plusieurs et des dames plus âgées étaient arrivées seules. L'instructeur a commencé la séance en nous demandant d'énumérer les stratégies préventives que nous connaissions déjà. Celles qu'on se transmet de femme en femme depuis des générations. Celles censées nous éviter de subir un viol: marcher sous les lampadaires / quitter la soirée avant la tombée de la nuit / fuir les raccourcis un peu trop sombres / refuser de se déplacer à pied après vingt-trois heures sans être accompagnée / contourner les ombres / appeler une amie avant de traverser les stationnements déserts / apporter son verre avec soi aux toilettes du bar / craindre les silhouettes inconnues / prendre les chemins qui ne mènent pas directement à la maison en espérant égarer la menace à la faveur d'un virage / exiger de sa patronne de ne pas être seule pour la fermeture du commerce / refuser les verres tendus / se méfier de l'amabilité des inconnus / demander que la porte demeure entrouverte une fois dans le bureau du patron, du professeur, du supérieur hiérarchique / sourire aux compliments / détecter les signes de nervosité / ne jamais rire de leurs piètres performances sexuelles en leur présence / ne pas se prostituer / ne pas faire d'auto-stop / ne pas prendre d'Uber / ne pas marcher la tête baissée / éviter les balades nocturnes sur la plage / tenter de les dégoûter en urinant dans son pantalon / prétendre avoir ses règles / prétendre avoir une maladie contagieuse / faire semblant qu'il nous plaît / hurler au feu plutôt qu'à l'aide...

Je connaissais déjà ces tactiques d'évitement. Elles n'ont pas empêché un homme de s'approcher de moi. Sur le quai de la ligne orange. Elles ne l'ont pas empêché de me suivre. De se coller contre mes fesses. De me toucher là où il le voulait. Alors, quoi? Il faudrait ajouter à cette liste: ne pas prendre le métro? Ni la nuit, ni le matin, ni à l'heure de pointe? Et cet amant, des années plus tard, qui m'a violée sans condom alors que j'étais déjà nue et excitée dans son lit? Ne pas avoir de rapports hétérosexuels? Du tout? Ne plus sortir de chez soi... jamais? Jusqu'où faut-il aller pour se sentir en sécurité dans un monde où ce sont les hommes qui décident de nos droits, où ce sont les hommes qui décident de nos vies?

Dans cet atelier, j'ai appris sans grande surprise que des sifflets anti-viol sont distribués sur les campus américains. Que les clés positionnées entre les doigts blessent la main de la victime plus qu'autre chose. Qu'une arme sera retournée contre nous par l'agresseur. Une étude auprès de violeurs multirécidivistes a démontré que, placés devant les mêmes images de foules, ils auraient majoritairement envisagé de s'en prendre à la même personne, celle qui est isolée ou qui semble nerveuse, peu sûre d'elle. J'ai aussi appris qu'adopter un comportement étrange ou irrationnel peut suffisamment déstabiliser les agresseurs. Le policier nous a raconté qu'un groupe de trois hommes qui avaient suivi une jeune adulte sur plusieurs coins de rue ont changé de trottoir, ont changé d'idée, lorsqu'ils l'ont vue s'agenouiller dans un parc, puis avaler de grandes poignées de terre. Ce sont nos options, ça? Manger de la terre ou subir un viol collectif?

Ce jour-là, j'ai su que je partageais les mêmes symptômes que des femmes qui, elles, n'avaient jamais été violées, que des adolescentes qui n'avaient même jamais été touchées: anxiété, crainte, hypervigilance, évitement, peur des ombres, méfiance systématique. Ces manifestations d'angoisse dans un monde régulé par la cadence de ses féminicides, où le nombre d'agressions sexuelles est élevé, où la violence misogyne est érotisée par la culture, ne surprendront jamais aucune femme trans ou cisgenre. Et surtout pas les femmes des Premières Nations et toutes les femmes de couleur. Nous savons toutes depuis notre plus jeune âge que nous pourrions être la cible d'attaques haineuses, que notre sécurité ne va pas de soi, qu'il faut la construire. Nous sommes nombreuses à connaître des survivantes agressées chez elles par des hommes de leur entourage. Nous connaissons des amies qui se sont fait suivre dans la rue. Des récits d'étudiantes harcelées par leur directeur de thèse. Un ancien professeur du primaire accusé de possession de pornographie juvénile. Une femme qui violente sa blonde. Nous avons entendu les histoires de viol qui se déroulent le long des pistes cyclables ou des voies ferrées. Nous savons que des cinéastes, des acteurs, des chanteurs, des humoristes agressent des dizaines et des dizaines de leurs admiratrices. Que des infirmiers abusent des personnes vulnérables et handicapées dont ils ont la charge. Nous lisons, nous aussi, des romans policiers. Nous sommes constamment soumises aux images de corps sortis défigurés des mains de conjoints narcissiques, démembrés, étranglés ou brûlés à l'acide. Les histoires de violence s'accumulent et les cadavres aussi. Les carcasses poignardées, les restes calcinés, les sacs mortuaires peuplent les scénarios de films d'horreur, les récits de tueurs en série, les traumas intergénérationnels, et s'ajoutent à toutes ces fois où l'on nous aura raconté la mort injuste et cruelle d'une enfant. Où on nous aura décrit les tortures qu'elle aura subies et sa disparition.

La culture du viol est une culture qui demande aux femmes d'incorporer à répétition et en silence l'image de leur propre cadavre. En d'autres mots, la culture du viol distille une forme diffuse de trauma, qui se produit tout au long d'une vie, et dont toute personne s'identifiant comme femme peut souffrir. Manifester des symptômes de stress post-traumatique sans avoir directement vécu d'agression sexuelle ni de tentative de meurtre est commun dans les sociétés patriarcales. Maria P. P. Root appelle cela un *trauma insidieux*.

Il suffit d'être à portée. D'être un corps existant dans l'embrasure de la haine. Pour faire entrer de force dans nos ventres des fantasmes de sauvagerie. L'une ou l'autre, morte ou vivante, il suffit d'être à proximité pour être mordue ou brûlée. C'est une question de circonstances. De possibilité. Rien d'autre. Le viol est l'un des crimes les plus impersonnels. C'est ce qu'explique la féministe radicale Andrea Dworkin dans son texte

Terreur, torture et résistance. Parce que les hommes n'ont pas besoin de mobile particulier pour nous violer ou nous tuer. Le simple fait d'être une femme ou de s'identifier comme telle nous place en plein centre du champ de tir. Dans le même ordre d'idées, Laura S. Brown déclarait que détenir des caractéristiques identitaires différentes de la «norme» masculine, blanche, hétérosexuelle, mince, neurotypique et sans problèmes d'argent nous rend vulnérables par rapport aux autorités, nous met en danger. Ce savoir intime précipite les symptômes du trauma insidieux, les exacerbe.

Deux exemples me viennent en tête pour parler du trauma insidieux. Le premier est l'assassinat de George Floyd à Minneapolis. Le 25 mai 2020, le policier blanc Derek Chauvin assassine George Floyd, un homme afro-américain, en pleine rue. Le policier appuie son genou sur la nuque de l'homme pendant plus de neuf minutes, lui causant une asphyxie par pression prolongée. Cette affaire aura provoqué des mouvements de protestation contre la brutalité policière à travers les États-Unis et plusieurs autres pays, dont le Canada, pour tenter de rappeler aux forces de l'ordre et aux gouvernements cette évidence: les vies des Noir·es comptent. *Black lives matter.* On se doute bien qu'un tel cas, loin d'être isolé, ne peut que laisser des séquelles chez tous les sujets susceptibles de s'identifier à Floyd. En chacune des personnes noires peut facilement naître la peur que la même chose lui arrive, à elle, à ses proches. Cette peur teintera leurs futures interactions avec les corps policiers. D'autant plus que l'affaire aura possiblement réactivé le souvenir d'anciens traumas similaires, comme le meurtre absolument révoltant, quelques mois plus tôt, d'Ahmaud Arbery en Géorgie, tué pendant son jogging par un ancien policier blanc et son fils, ou encore le passage à tabac de Rodney King en 1991 par plusieurs policiers blancs, pour ne nommer que ces deux cas emblématiques de l'histoire du racisme policier américain. Entendre parler de ces violences, les lire aux nouvelles, voir son fil d'actualité bombardé d'articles sur le sujet, regarder les photos, lire les remarques racistes sous les publications d'allié·es, tout contribue au trauma insidieux. Root nommera «trauma indirect» ce que cause le fait d'assister directement (en être témoin) ou indirectement (par vidéo) au meurtre d'une personne avec laquelle le sujet possède des caractéristiques intrinsèques communes.

Le deuxième exemple concerne une affaire non résolue. Lors d'un souper chez ma sœur avec la famille de son conjoint, une des invité·es évoque avec émotion le meurtre d'une femme de son entourage proche. En 1996, sa belle-sœur, Pierrette Plouffe-Guénette, a été retrouvée morte dans sa maison, au nord de Montréal. Personne n'a été inculpé pour ce crime. Le *modus operandi* (entrée sans effraction, viol, torture et meurtre à l'arme blanche) laisse entendre qu'elle aurait été l'une des victimes du tueur en série William Fyfe. Fyfe a avoué avoir tué et mutilé neuf femmes entre 1979 et 1999. Il est aussi soupçonné d'avoir commis au moins une dizaine d'autres meurtres au cours de ces années-là. Il n'a laissé aucune preuve sur la scène de crime dans l'affaire Plouffe-Guénette, on sait seulement que le père de Fyfe aurait fréquenté le même club social que la victime.

Les récits de tueurs en série habitent l'imaginaire collectif comme une sorte de fiction éloignée et surréelle. Ils entrent dans nos salons par le biais de séries télévisées et de films hollywoodiens spectaculaires. Ces hommes capables de s'approcher au plus près de l'abjection absolue suscitent une fascination macabre. D'autres hommes tirent profit de cette aura. En jouissent à distance. Le soir où j'ai entendu le récit de la mort violente d'une femme par un tueur en série, la sensation surréelle ne relevait pas d'un effet de fiction. Le meurtre s'était produit à quelques kilomètres de la maison de ma sœur, et c'est la famille de la victime qui en parlait, avec une détresse toujours vive. Plusieurs heures après le départ des invité·es, ma sœur et moi nous sommes retrouvées sur son canapé. Jusqu'au milieu de la nuit, nous avons parlé de cette femme que nous ne connaissions pas. Nous avons parlé de sa terreur et de sa lutte. Nous avons parlé de sa vie. Du fait qu'il n'y avait absolument aucun élément de son passé qui pouvait laisser présager qu'un jour un violeur entrerait chez elle pour la massacrer, hormis le fait qu'elle était une femme. Elle a ouvert la porte de son domicile, comme nous avons toutes déjà ouvert notre porte d'entrée à une connaissance. Elle n'a pas été tuée par un monstre ni par une fiction. Un être humain l'a violée. Un être humain l'a torturée. Les tueurs *de femmes* existent. Ma sœur et moi pouvons facilement le concevoir, désormais. Notre savoir intime sur les violences sexuelles a pris de l'épaisseur ce soir-là. La texture du réel a été déchirée une fois de plus. Et le nombre de coups de couteau, nous ne pourrons jamais l'oublier.

Le trauma insidieux consolide notre sentiment d'impuissance. (Sur)vivre dans une société qui a pour centres gravitationnels la culture du viol et la suprématie blanche traumatise tous les sujets qui en sont les potentielles victimes. Dès l'enfance, ce foyer d'impuissance germe au creux de nos consciences et il est réaffirmé au fil des années. La disparition de Cédrika Provencher et la découverte de ses ossements, ou dernièrement le filicide des sœurs Carpentier (retrouvées dans un boisé du secteur de Saint-Apollinaire au moment où j'écris ces lignes), l'immolation en pleine rue dont a été victime une résidente de Québec à l'été 2019, ou encore, aux États-Unis, l'assassinat de Breonna Taylor par des policiers – dans la nuit du 12 au 13 mars 2020, la jeune femme afro-américaine de vingt-six ans a été atteinte de huit balles alors qu'elle dormait dans son lit –, ne sont que quelques exemples parmi des milliers qui rappellent aux filles et aux femmes le danger d'exister. Ces récits gravent en nous une intuition du danger, une sorte de certitude. La certitude qu'il ne sert à rien de se défendre, que lutter ne ferait que précipiter notre mort. Alors, à l'instant où arrive son tour, où l'ami entre armé de haine dans la chambre, la mémoire revisite ce qu'elle connaît de la misogynie et programme rapidement, en fonction du dénouement le plus vraisemblable, une réponse efficace et protectrice, soit, dans la plupart des cas, la résistance passive (paralysie, mutisme, docilité, coopération).

S'il est impossible d'échapper à la brutalité masculine, si elle est érigée en force plus grande que soi dans nos sociétés, comment pouvons-nous nous réapproprier notre instinct de survie ? Nous sommes désarmées avant même de faire face aux prédateurs. Pourtant, et Annie Ernaux nous le rappelle dans *Mémoire de fille*, ce n'est jamais à l'agresseur lui-même que nous nous soumettons. C'est à la loi sale et dégradante de la sauvagerie masculine. À la puissance mythique du mâle. Nous savons toutes qu'y échapper est l'exception.

Kate Millett, dans *La cave. Méditations sur un sacrifice humain*, réfléchit au massacre de 1966, lorsque Richard Speck, à lui seul, a assassiné huit infirmières. Trois des femmes, originaires des Philippines, étaient diplômées et en stage de perfectionnement. Les cinq autres étaient encore étudiantes. L'homme, condamné à quatre cents ans de prison par un tribunal, aura tué Gloria Davy, Patricia Matusek, Nina Jo Schmale, Pamela Wilkening, Suzanne Farris, Mary Ann Jordan, Merlita Gargullo et Valentina Pasion. Il a aussi violé au moins l'une d'entre elles. Dans son livre, Millett raconte que les infirmières ont été ligotées et étranglées les unes après les autres. Que chacune à leur tour, elles ont poussé un cri d'agonie que les victimes suivantes entendaient. Millett suppose que leur sentiment d'impuissance a peut-être été si grand devant la puissance mythique du mâle que l'idée même qu'elles auraient pu s'en sortir ne leur a pas traversé la tête. Qu'à huit contre un, elles auraient eu des chances de l'emporter. Qu'une femme en colère peut être aussi forte et puissante qu'un homme de taille supérieure à la sienne, ou du moins qu'elle est capable de se défendre contre lui. De le repousser. De le tuer, s'il le faut.

Il y a résolument autre chose qui se joue dans nos paralysies. Une violence qui dépasse le trauma individuel. Qui nous prédit une fin certaine. Elle se trame en nous longtemps avant le moment de la sidération traumatique. Le viol est l'arme la plus accessible des agresseurs parce qu'ils savent que son idée seule nous terrorise. C'est un peu ça, la puissance mythique du mâle, un pouvoir qui exerce une pression sur les corps féminins avant même la contrainte physique. La puissance mythique du mâle s'appuie sur le fait qu'il y a toujours, cachée derrière le viol, l'éventualité d'un meurtre. Une vérité marquée en nous au fer rouge.

L'instructeur du cours d'autodéfense a pris le temps de nous expliquer les limites de la loi en matière de légitime défense. L'article 34 du Code criminel canadien spécifie qu'une personne n'est pas coupable d'une infraction si elle pose un acte illégal dans l'objectif de se défendre ou de se protéger (ou de défendre une autre personne) d'une attaque ou de la menace d'une attaque. Si elle agit de manière raisonnable dans les circonstances, elle ne sera pas condamnée. Le policier a insisté sur le fait qu'on ne doit pas commettre un geste dans le but de causer des lésions corporelles graves ou mortelles. Par exemple, si l'attaquant se retrouve au sol et que nous lui assénons plusieurs coups de pied à la tête, nous pourrions être poursuivies pour voie de fait. Puisqu'à ce moment-là, l'action la plus « censée » serait d'aller chercher du secours. La formation allait ainsi servir à nous montrer comment créer une ouverture pour s'enfuir. Encore fuir. Cinq heures sous les néons d'un gymnase pour apprendre l'art de l'esquive. Soit par stratégies préventives, soit par défense de son intégrité physique : bloquer le coup et se sauver / s'extirper de sa poigne et se sauver / le surprendre et se sauver / lui faire mal pour qu'il desserre la main et se sauver / se sauver. Les cours de défense de soi réservés aux femmes servent à intégrer dans notre mémoire musculaire d'autres réflexes que celui de l'immobilité ou de la pétrification. À y enregistrer un savoir primaire essentiel: l'os du coude est pointu / un coup de talon fait mal / la pointe de nos genoux est dure / la partie inférieure de la paume forme une barre solide / nos pouces ont la force nécessaire pour crever un œil, et ainsi de suite.

Il est nécessaire de savoir se défendre si nous souhaitons circuler librement dans la rue. Je ne veux pas remettre cela en question. En revanche, je critique le fait qu'on ne nous apprenne pas à recevoir les coups. À nous relever. À lutter jusqu'à ce que l'homme, lui, s'enfuie en courant. À procéder à une arrestation civile. Ou encore, à répondre par les poings. Mon entraîneur de boxe actuel me fait terminer les séances d'entraînement par mille coups de poing. Gauche, droite, cinq cents fois. Les cours d'autodéfense ne nous aident pas à nous approprier la répétition de la violence. Ils ne nous renseignent pas sur notre propre puissance, notre propre dangerosité. Même dans les espaces dédiés à l'armement du corps, on modère l'intensité et la force dont les muscles féminins sont capables.

Le premier conseil dans l'apprentissage de la défense de soi est toujours le même pour les femmes: il faut éviter de se retrouver dans une situation à risque. Dans son essai, *Se défendre. Une philosophie de la violence*, Elsa Dorlin réfléchit aux éthiques martiales du soi. Selon elle, le droit à l'autodéfense est un privilège réservé à une minorité de sujets. Une minorité dominante, bien sûr. Elle explique qu'encore aujourd'hui les personnes noires sont privées de leur puissance d'agir. Un geste défensif en réponse à la brutalité policière viendra, paradoxalement, et comme à retardement, «légitimer» la violence raciste. La révolte véritablement légitime de la personne noire attaquée sera, elle, systématiquement interprétée comme une agression. Se défendre, dans ce contexte, accroît le risque de mourir. En plus de multiplier les chances que le policier blanc soit acquitté.

Le même type d'idéologie animait le discours d'introduction à l'atelier d'autodéfense. Pourquoi nous aviser que, statistiquement, les femmes qui se débattent lors d'une agression s'en sortent moins bien que celles qui ne résistent pas? Il me semble contre-intuitif et contradictoire de prévenir des dangers létaux qu'occasionne le fait de refuser un viol juste avant de montrer comment se défendre contre un violeur. Une contradiction symptomatique d'une société qui refuse aux femmes et aux personnes racisées le droit de pleinement s'affranchir de leurs oppresseur·es. L'emploi de la force est éthique – raisonnable – pour une femme, à la seule condition qu'elle l'utilise pour sa protection. Il lui faut donc se limiter à éviter de recevoir les coups. Ou à fuir. Cette même force, en position de contre-attaque, devient amorale. On la nommera violence. Elle justifie une escalade de la tension. Elle justifie qu'on soit tuée.

Par chance, les sports de combat et les arts martiaux nous enseignent la contre-attaque sans faire de discrimination de genre. Suivre un entraînement de boxe à l'âge adulte aura été à l'encontre de tout ce que j'avais appris jusque-là sur la féminité et sur la manière dont je devais appréhender mon rapport aux hommes. En boxe, contrairement aux discours sur la prévention du viol qu'on sert perpétuellement aux femmes – et non aux hommes, bien sûr –, la posture à adopter est l'attaque. Pas la défense. Dans les simulations de combat (*sparring*), dès que la cloche sonne, je dois être prête à bondir. En ce sens, un round de boxe entre une femme et un homme constitue un temps de renversement féministe. Je suis debout face à un homme qui *doit* m'envoyer des coups de poing, ce sont les règles du jeu. Ce qui prime en moi n'est pourtant pas la peur. L'envie d'être celle qui frappe en premier domine. Le goût de faire mal. D'être plus rapide, plus agile, de me sentir puissante. Forte. La conscience du risque d'une commotion cérébrale ou de la douleur n'est jamais loin, tapie au fond de mes pensées, mais elle ne me tient pas en laisse. Au contraire, elle me propulse vers l'avant. Au fond, j'ai attendu longtemps qu'on me donne le droit d'être celle qui cogne en premier. Lorsqu'on est une femme, il faut le prendre soi-même, ce droit. Il faut imaginer soi-même le monde où nous saurons toutes comment nous battre.

À la toute fin de l'atelier d'autodéfense, nous nous sommes assises en cercle autour du policier. À sa demande. Son visage a changé. Avec un air sérieux, presque dramatique, il nous a averties de ne pas tester ce que nous venions d'apprendre avec un frère, un ami ou un copain. Même pas pour rigoler. D'une part, il faudrait leur faire véritablement mal pour nous déprendre de la simulation ou du jeu. D'autre part, les hommes qui nous attaquent pensent que nous ne nous défendrons pas. S'ils savaient l'ordre et la nature de nos gestes de défense, ils s'y adapteraient. Leur approche changerait. Voilà. Un policier nous l'annonçait. Les agresseurs sexuels sont convaincus de pouvoir nous vaincre. À mains nues. Ils n'ont peur ni d'échouer ni d'être stoppés. Ils pensent qu'ils n'auront qu'à nous assommer si nous résistons avec trop de vigueur. Leur certitude d'être en droit de prendre notre peau, notre sexe, nos fesses ne vacille pas. *Soumets-toi ou meurs.*

Croire que notre seule défense sera la soumission les encourage à passer à l'acte. À traverser du côté de la mort – le viol est une tentative de meurtre. L'artiste Niki de Saint Phalle qualifie ainsi le crime d'inceste dont elle a souffert. Elle évoque dans *Mon secret* le désir de son père de passer du côté des assassins. Violences absolues et dévastatrices auxquelles, paradoxalement, la société nous demande de très peu réagir. N'en faisons surtout pas de cas ! Nous nuirions à leur carrière, leur épanouissement, leurs collègues, leur famille, leur respectabilité...

Le policier avait sûrement raison. Nos agresseurs potentiels ne craignent pas la fureur de notre désir de vivre. Ils ne pensent pas aux risques qu'ils courent. Au risque d'être grièvement blessés. De se faire casser un os. De subir une commotion cérébrale. De se faire couper une main. D'avoir mal. Non. Ces hommes n'ont pas peur de nous violer. Ils sont certains de leur pouvoir et, corollairement, de notre faiblesse. C'est une raison de plus pour que nous apprenions une défense de soi qui passerait par la contre-attaque. Quelle surprise ça serait, pour eux, si nous ripostions violemment. Si nous bombardions leur foie de coups de poing. Quelle stupéfaction ils ressentiraient si on leur entaillait sévèrement l'arête du nez. Si on le cassait, ce nez. Je rêve du jour où des hommes auront peur de notre réaction. Peur de sortir amochés d'une tentative de viol. Du jour où ils changeront de trottoir en nous voyant de loin. Je rêve du jour où la colère des femmes sera publiquement reconnue pour ce qu'elle est: une arme.

En attendant l'arrivée d'un projet féministe qui aurait pour objectif d'armer le corps des femmes, spécifions ceci: revendiquer sa propre survie, *c'est* se défendre. Brandir une pancarte dans une manifestation contre les violences sexuelles, *c'est* se défendre.

Écrire sur un réseau social le nom de son violeur, *c'est* se défendre. Chuchoter son histoire à d'autres survivantes, *c'est* se défendre. Réussir à sortir du lit un matin où vivre semble inconcevable, c'est aussi *ça*, se défendre. Il est possible de refuser la mort, même à rebours. Même des années après l'agression.

Cathy Caruth, dans son article *Violence and Time: Traumatic Survivals*, signale que la survie n'est pas étrangère à la logique du trauma. Elle y tient même une place centrale. Le traumatisme ne viendrait pas simplement de la fatalité de l'événement violent, mais aussi, et surtout, du fait d'y avoir survécu. La répétition traumatique serait une manière de comprendre que nous avons frôlé la mort et que nous n'en sommes pas mortes. Lorsqu'on pense aux traumas sexuels, l'énigme de sa propre survie, dans des sociétés comme les États-Unis où toutes les deux minutes un homme agresse sexuellement une femme, demeure entière. Au Canada, ça arrive toutes les quinze minutes (une statistique qui ne tient compte que des agressions déclarées). En France, toutes les trois minutes. Surmonter la répétition traumatique, en briser les chaînes, requiert ainsi que nous assimilions le fait d'être encore en vie pour raconter notre histoire. La survie devient un peu le revers de la pulsion de mort. Les deux forces entrent en tension et forment un noyau dur. L'irruption des symptômes s'y brode, délimitant les périphéries de son champ d'action. Nous devons arriver à accepter d'avoir été assiégées par la pathologie sexuelle d'un autre et, dans le même geste, assimiler l'irréalité de notre survivance. Selon Caruth, il en va de notre rémission.

La survie est donc le cœur battant du trauma. Elle renferme notre sauvagerie à nous. Notre singularité. Elle représente l'horizon vers lequel tendre. Les images et les métaphores de nos prises de parole convergent nécessairement vers elle. Comme un point de fuite à l'horizon de nos peurs. Une transgression aux codes de l'impuissance et de la fatalité. Alors, même s'il peut sembler trop peu, trop tard de réagir aux hommes en érection dans les wagons de métro ou aux désirs obscènes de nos oncles et de nos pères, s'il peut sembler futile de se défendre contre eux par l'écriture ou par la mobilisation, nous le faisons tout de même chaque fois que nous prenons la parole pour exposer les ravages de la masculinité toxique. À chaque vague de dénonciations médiatiques (#metoo / #agressionsnondénoncées / #balancetonporc) des centaines et des centaines de sorcières combattent leurs agresseur·es. Car combler les espaces troubles du souvenir de l'agression par du langage, retourner sur le site mnésique de l'événement pour en compléter les failles, et dire les mots sans honte et sans peur sont autant de manières de restituer notre dignité.

En occupant les réseaux sociaux par nos témoignages et nos dénonciations, nous participons à la construction d'une mémoire collective. À chaque nouvelle entrée, à chaque nouvelle publication, nous empêchons que le silence se répète. Il s'agit de défier la thèse qui associe la cruauté ou le sadisme à du non-sens. Une telle conception, en plus de déresponsabiliser les acteur·trices, perpétue l'idée qu'une pensée de la violence serait impossible ou forcément défaillante. Les monstres n'existent pas. Arrêtons de renvoyer les atrocités du réel dans le domaine de la fiction ou de l'imaginaire. Arrêtons de les nier ou de vouloir les oublier. Afin de demeurer témoin et alliée des personnes qui dénoncent, la réalité traumatique doit demeurer active dans les mémoires aussi bien individuelles que collectives.

Judith Lewis Herman, dans son essai majeur sur le trauma, *Trauma and Recovery: The Aftermath of Violence – From Domestic Abuse to Political Terror*, précise que sans mise en place de mesures concrètes pour favoriser le développement de réseaux de soutien pour les victimes d'agressions sexuelles et de violence conjugale, aucune alliance ne sera possible entre témoin et victime. Ces mesures ne devraient d'ailleurs pas seulement concerner les femmes cisgenres sous le joug d'un homme cisgenre, mais aussi les personnes de la communauté LGBTQIA+ aux prises avec un ou une partenaire violent·e. Selon Herman, d'un point de vue individuel, un contexte social qui favoriserait une alliance réparatrice serait créé par les relations interpersonnelles avec amis, amoureuses, famille, thérapeute, enfants... Tandis que d'un point de vue global, un contexte social propice à la résilience est créé par les mouvements politiques qui donnent voix aux personnes marginalisées de nos sociétés.

Les contextes sociopolitiques où sont commises les agressions auraient une incidence sur la capacité, propre à chaque sujet, de s'adapter aux catastrophes intimes. La résilience serait donc le muscle du corps social. C'est-à-dire que l'impulsion électrique nécessaire à son déploiement serait en partie liée à autre chose que nos histoires individuelles. Le courant viendrait de ces ressources communautaires qui favorisent le processus de guérison individuel. Par exemple, la mise en place de groupes féministes intersectionnels, l'accessibilité à des centres pour femmes violentées ou à des thérapies de groupe, la création d'espaces de parole variés et pluriels, des salles de sports de combat et d'arts martiaux non mixtes ou *women friendly*, ou encore la diffusion de voix marginalisées dans les arts et les médias. Parce que nous ne *sommes* pas résilient·es. Nous *faisons* résilience. Ce qui neutralise toute idée de fatalité et implique une dimension créative bien plus importante. De même qu'une responsabilité politique.

Selon la psychanalyste et philosophe Anne Dufourmantelle, l'une des étapes essentielles au processus de résilience serait la recorporéisation de l'événement violent. Dans *Éloge du risque*, elle explique que la mémoire traumatique ne peut être que désincarnée. En la rejetant en dehors du corporel, le soi s'en placerait à l'abri. Cette décorporisation du trauma serait la condition pour le penser sans qu'il devienne un nouveau drame. Nous pourrons alors l'évoquer. Comme si ce trauma était arrivé à quelqu'un d'autre. Selon Dufourmantelle, nous ne pouvons surmonter la pulsion de mort sans prendre le risque de nous réintégrer, de réintégrer les éclats coupants du souvenir comme faisant partie de soi, de son corps, de sa chair. Retraverser l'agression en pleine conscience et de manière lucide, en présence, permet de la rattacher au récit de soi, de l'assimiler pour finir par s'en délivrer.

Nos mécanismes de survie peuvent bien éjecter le souvenir hors de notre sphère de préhension – il peut rester dans l'ombre, hors d'atteinte, mais pourtant agir pendant de nombreuses années, toute une vie parfois –, la peur, elle, reste imprégnée dans la mémoire tissulaire. Le corps n'oublie pas. Il se souvient du bord des précipices et de nos terreurs infantiles. On croit avoir tout oublié, mais tout n'est qu'engourdi. En sommeil au creux des os. L'homme au manteau, en posant ses mains sur moi, a réactivé la douleur des engelures profondément enfouies en moi. Le dégel a été atroce.

Pour arriver à dépasser la destructivité de mon enfance, il m'a fallu plonger dans l'à-vif, soit retourner à cet endroit de l'être où ma peau avait été brûlée, puis y coudre une nouvelle épaisseur. C'est l'écriture qui me permet de tranquillement tisser une autre peau là où, en moi, palpitent l'enfance et les violences sexuelles qui l'ont accompagnée. Mais l'écriture, en elle-même, est insuffisante. J'ai dû chercher les moyens d'armer ma rage. C'est-à-dire de me rallier à d'autres survivantes, d'autres guerrières. En lisant leurs essais et leurs romans. En les accompagnant dans les mouvements virtuels et lors de manifestations dans la rue. Écrire et fréquenter des textes qui dénoncent les violences sexuelles, participer à des ateliers d'autodéfense pour femmes, ou encore apprendre à donner un bon direct sont quelques manières de résister. S'entourer de sœurs, aussi.

Une littérature de combat

Dans un forum interuniversitaire outre-Atlantique, un écrivain, professeur à la Sorbonne, affirme à mon adresse qu'il ne faut pas envisager la littérature comme un espace de dénonciation, qu'elle ne sert pas à ça. Je tournerai dans les draps de l'hôtel une bonne partie de la nuit suivante, à me demander avec toute la sincérité du monde: à quoi d'autre pourrait-elle bien servir? À quoi «sert» la littérature si ce n'est à faire entrer au centre du débat social ce qui se situe dans ses marges? Et quand on vous a fait croire toute votre vie que raconter signerait votre arrêt de mort, où d'autre peut-on dénoncer? Sous quel autre bouclier que celui de la littérature pouvons-nous donner à comprendre le sadisme quotidien subi pendant l'enfance? Les pages d'un livre sont le seul espace où les femmes peuvent oublier sans conséquence. Où nous pouvons interpréter librement le réel, en combler les trous avec de la fiction. Où nous pouvons inventer un sens aux déchirures du passé. Où nos contradictions et nos nuances deviennent riches plutôt que signes d'une pathologie mythomaniaque. Parce qu'il est possible de donner à comprendre de plus grandes vérités dans la littérature que nous ne le pourrons sans doute jamais devant un tribunal.

Ce professeur-écrivain, qui fait aussi des chroniques à la radio et offre des ateliers de création, trouve problématique que des jeunes femmes écrivent, dans ses cours, sur l'inceste et autres traumas sexuels. Ce n'est pas l'endroit, selon lui. La littérature ne devrait pas servir de fonction politique, mais s'en tenir à sa fonction esthétique. « Les idéologies féministes » mineraient de l'intérieur les qualités littéraires de l'écriture des femmes. Du moins, tels sont les prétextes qui l'autorisent à rejeter du revers de la main la voix de plusieurs de ses étudiantes. Il pourrait faire son travail et les amener à écrire et réécrire jusqu'à trouver une adéquation entre le propos et la forme du récit. Il pourrait les encourager à modeler l'émotion avec justesse et à mettre en valeur la singularité de leurs débordements. À la place, il préfère que ces femmes abandonnent ce qu'il est impératif pour elles de dire et choisissent un sujet qui lui convienne mieux, à lui et à sa conception frigide de la littérature.

N'est-il pas naïf de croire que la charge féministe d'une dénonciation littéraire annule ses possibilités esthétiques? Je suis sidérée de constater qu'un professeur et de surcroît écrivain, censé encadrer des autrices de la relève, n'arrive pas à concevoir qu'il est politique *et* esthétique de donner une forme à l'informe des expériences déshumanisantes. La littérature révèle qu'une pensée de l'horreur est possible. Non seulement possible, mais nécessaire. Et même, il me semble que c'est précisément le travail sur l'écriture (force des images, variation du rythme, justesse du vocabulaire, effet de la chute…), et donc sur l'esthétique, qui s'avère politique, car il s'agit de venir mettre en échec l'intensité traumatique des souvenirs. Il s'agit d'intercepter le rebond du trauma pour le signifier autrement dans l'écriture, le reconfigurer. Réactiver le souvenir dans le présent de l'écriture transforme donc celui-ci en une force à *moduler* – par le biais du rythme, du ton, de la forme – et non plus en une force *modulante*, c'est-à-dire qui conditionne nos gestes, nos émotions ou encore nos rêves – cauchemars, évitement, dissociation. La réinvention du trauma, par l'injection de fiction dans le matériau biographique, permet d'explorer le gouffre qui subsiste entre la vividité des actes de violence et l'irréalité qui enrobe leur souvenir. Maîtriser le récit permet de faire bouger les scènes figées en soi, de les décloisonner et, donc, de surmonter la répétition traumatique.

Une dénonciation littéraire est un dévoilement libéré des contraintes testimoniales juridiques (bonne foi, cohérence absolue, vérité factuelle…) qui ne nomme pas l'agresseur, voire le dénomme, et qui répond aux exigences de la justesse bien avant celles de *la vérité, toute la vérité, dites: «je le jure»*. Le filtre de la fiction protège l'autrice d'une poursuite en diffamation, et les lectrices et les lecteurs de la catastrophe. Lorsque j'écrivais un roman sur mes pires souvenirs d'enfance, le geste de dénonciation ne me semblait pas en être atténué pour autant. Bien au contraire. Répondre à mon père était l'interdit principal de la maison. *Raconter* était donc tout simplement impensable, enfant. Qu'est-ce que j'aurais bien pu dénoncer, de toute façon? Je pensais qu'il était normal et courant qu'un père soit excité par ses filles et que les enfants soient battus jusqu'à leurs quatorze ans. Il valait mieux le croire. L'idée de la normalité, même obscène et distordue, retardait le moment de l'effondrement.

* * *

J'ai été tuée plusieurs fois, enfant. Sortir à l'extérieur de mon corps, monter en l'air comme un nuage, m'enrouler autour du lustre au plafond, j'en avais l'habitude. Je devenais parfois une boule de chaleur, d'autres fois un coup de vent. Les secrets de mes morts s'accumulaient au fil des années. Je suis morte si souvent (plus de fois que je ne saurais les compter) que je n'arrivais plus à faire la différence. Le lundi matin à l'école, debout derrière le pupitre, je ne savais plus si j'avais été morte ou vivante pendant la fin de semaine, si j'avais entendu depuis ma chambre les bruissements des pommiers ou si j'avais frôlé leurs feuilles depuis les cimes. Alors je m'inventais. Mais j'ai fini par croire à mes mensonges, à préférer ces versions-là du réel à la vérité. C'est à partir de ce moment-là qu'il y a eu deux *moi*. Une enfant morte dans la misère, tuée par les hommes de sa famille, et la petite fille parfaite et docile qui habitait dans la grande maison à la porte d'entrée rouge. Celle qui avait des bonnes notes à l'école, respectait toutes les consignes, ne se bagarrait pas. Celle qui ne mourrait pas. Mais c'est l'autre, à l'âge adulte, qui m'a lancée dans les bras d'un homme violent, qui m'a glissée entre les draps d'amants brutaux et sadiques. Chaque nouvelle peur, chaque nouveau coup, chaque relation non consentie, chaque viol me rappelait que je n'étais pas libre, que je ne l'avais jamais été. Je prétendais être *Une* depuis si longtemps que j'avais oublié que j'étais *Deux*. Ma survie tenait à ce secret, à ce mensonge, mais c'était cette survie-là, en me coupant de la vérité de l'enfance, qui me détruisait. J'ai su au tout début de l'écriture du roman sur mon père que je devrais réintégrer l'enfant morte. Même si ça devait me submerger, même si je risquais de faire une dépression majeure, j'ai su que je ne pourrais pas écrire sur mes souvenirs d'enfance sans accepter que j'avais été tuée à répétition.

Le principe répétitif de la violence aura donc été ma première intuition d'écriture. Comment mettre en scène une histoire de retour et d'aggravations sans redite ? Sans produire deux mille pages de texte ?

L'aspect le plus pervers d'une situation dans laquelle les violences sont répétées est l'accumulation des faux répits. Marie-Laure Bardèche, dans son livre *Le principe de répétition. Littérature et modernité*, l'explique bien : il y a toujours, entre une action et sa reprise, un écart qui permet leur identification respective. Même si cet espace mobile et dissymétrique est en quelque sorte insoumis au principe de la répétition, il n'en constitue pas moins le cœur de sa mécanique. Ainsi, dans l'entre-deux des coups et des humiliations, il y a un temps de suspension où la peur semble ralentir. Cette fraction rejouée à chaque épisode de colère paternelle est en fait une période de tension maximale. Dans le microcosme de la violence, il s'agit d'un faux répit entre le poing levé et son choc contre la peau. Dans le macrocosme, un faux répit entre la fin de la *volée* – mon père disait que nous allions « manger une volée si nous ne nous taisions pas » – et le début de la prochaine. Ce qui se rejoue en boucle est l'illusion d'une accalmie traversée de part en part par une menace sourde. Dans les familles dysfonctionnelles, les silences hurlent aussi.

J'ai longtemps cru qu'écrire permettait de retourner dans l'entre-deux des violences. Seul lieu infantile à peu près sécuritaire. Une cachette inédite où le père ne me trouverait pas. Il me semblait que je devais retrouver les moments sans coups. Instants d'échappée à partir desquels renverser, depuis l'intérieur, son pouvoir d'assujettissement (j'aime croire qu'il s'agit d'espaces à ciel ouvert où l'imaginaire peut s'emporter, s'emballer. J'aime croire que l'imaginaire naît depuis ces lieux. Qu'il s'y invente d'autres horizons, de nouvelles nuits, ne s'épuise pas). J'ai trouvé l'esthétique du livre que j'écrivais dans les trouées de la rage de mon père. Dans les faux répits. Il s'agissait, à rebours, de me défendre contre lui. De puiser, dans les périodes plus ou moins longues de «tranquillité», l'énergie du coup de poing. Les phrases seraient courtes et concises. Parfois, elliptiques. Les images et les métaphores réduites au minimum. Les actions et les gestes seraient mis au premier plan. Il y aurait une économie de mots. Une présence exagérée de points, même là où il n'est pas syntaxiquement correct de les mettre. Et j'allais marteler certaines phrases. Je voulais une écriture qui reprendrait la violence du père à son propre compte, qui la lui arracherait des poings.

Même si *Je* est la somme de ses traumas, il n'en demeure pas moins que, dans l'écriture, c'est *Je* qui donne les coups.

C'est donc au cœur de la forme qu'apparaît la première évidence de l'écriture du trauma: l'esthétique et le politique y sont indémaillables. Sous ses différentes formes, elle est une écriture qui transgresse les lois du Père. Elle brise les barreaux invisibles de son emprise pour rendre visible son revers, la face cachée, mais répandue, de la négligence familiale. Écrire, peindre, sculpter, dessiner son expérience de l'inceste sont des manières d'opérer une brèche dans la réalité traumatique, d'ouvrir une voie d'accès, un chemin de traverse vers les autres survivantes. Tout comme la prolifération des *hashtags* de dénonciation. Prendre la parole revient à prendre corps. L'écriture du trauma incarne donc une pulsion d'avenir, une audace. Ce que l'audace contient de forces transgressives et jubilatoires, l'écriture du trauma le revendique. Dans un contexte de domination masculine, elle détourne les ordres qui se répercutent constamment dans nos intimités: nous taire ou mourir. N'en déplaise à tous les détracteurs de la littérature de combat, revendiquer sa propre survie par la création donne de la puissance. Il s'agit d'un geste féministe par lequel suspendre, quelques instants peut-être, la fatalité du réel. Être une femme et écrire *Je*, dans la culture du viol actuelle, est intention, symbole de survie, un acte délibérément transgressif.

Une révolte esthétique *et* politique.

Une contre-attaque.

Le profil génétique de la honte

Je suis entrée dans une salle de sports de combat le jour où j'ai compris que le désir de tuer mon père était réel. C'était une chose de m'imaginer découper, entre les cauchemars, sa peau, ses phalanges et sa langue. C'était une chose de l'imaginer à répétition, jusqu'à ce que sa chair ne batte plus. De m'endormir sous les images d'un père lacéré et égorgé et étranglé et décapité. De prendre plaisir à la simple pensée de pouvoir le vider et l'exhiber exsangue face à une foule de femmes en colère. Comme il aurait été bon de pouvoir regarder à plusieurs la mollesse de sa viande. Tout cela me paraissait légitime. D'autant plus que le couteau sous la gorge, son corps dépecé, l'idée de ses chairs mortes ou de sa barbe incendiée semblaient être les seuls passages vers le Verbe. Entrer dans l'écriture, m'engager dans cette voie-là, demandait de couper le mal à la racine, c'est-à-dire d'extraire le loup de la cellule familiale, puis de le relâcher dans un monde où *je* régnerais, et personne d'autre. Délier mes peurs nécessitait une construction imaginaire sanglante, meurtrière, je savais cela, le comprenais. Mais ce désir de mort infini pour lequel je brûlais dépassait le fantasme ou le concept psychanalytique. C'était une chose d'emmurer le père entre des colonnes de mots coupants et mordants, c'en était une autre de commencer à chercher le moyen de me procurer une arme à feu.

La première fois, j'étais enfant, peut-être adolescente – oui, c'était sûrement au début de l'adolescence. Je m'étais terrée dans la noirceur d'un placard. En boule parmi les poussières, j'avais plaqué les mains sur mes oreilles. Les hurlements et le bruit des peaux battues ne me trouveraient plus. J'en avais profité pour me répéter, jusqu'à l'engourdissement, qu'un jour, un jour j'allais me débarrasser de lui. Je m'en faisais la promesse, et j'ai caché cette promesse dans mon ventre comme un secret interdit. Un talisman contre la peur et les nuits glacées à venir. Un espoir. À vingt-huit ans, j'ai plutôt choisi d'écrire une autofiction sur son sadisme et sur l'inceste. Le roman a été publié à l'automne 2019. Mais il ne faudrait pas croire que l'écriture ne participait pas du même vœu de mort. Elle était le même appel primitif, désespéré, d'échapper aux hurlements. Une manière de baliser mes colères. C'est un élan identique qui m'a menée à la boxe.

* * *

Été 2018. Je suis dans la salle de ring. Je lance mes poings sur le sac de frappe. Direct, crochet au corps, crochet à la tête, direct, direct, crochet au corps. L'entraîneur est un ancien boxeur professionnel. Il me dit soudain qu'il sait pourquoi je suis là. *Tu as la rage, je la reconnais.* Les coudes en appui sur les cordes du ring, il m'explique qu'il a commencé à boxer pour les mêmes raisons que moi. Je ne lui réponds pas. Une émotion me monte au visage, me chauffe les joues. Direct, crochet, déplacement vers la gauche. Je serre les dents. Le sac revient vers moi. Direct, esquive, direct, crochet, direct. Le coach fait son travail de coach. Il me surveille. Prêt à corriger ma technique. Je remonte ma garde. Ne desserre pas les dents. Son regard perçant, les cris lâchés malgré moi à chaque coup sur le sac et l'impression d'être *vue*, vraiment *vue*... la rage persiste.

Une heure plus tard, j'entre dans mon appartement. Le corps lourd de tous les coups que j'ai donnés. Les muscles de mes épaules endoloris. Je dépose le sac de sport sur le plancher de ma chambre. J'accroche ensuite mes bandages sur la porte pour qu'ils sèchent. Je retire mes vêtements mouillés de sueur. Sous le jet froid de la douche, la brûlure à mon visage ne s'estompe pas. Je changerai d'entraîneur.

Je refuse qu'il confonde sa colère avec la mienne. Parce qu'il est un homme et que je suis une femme. Parce qu'il ne regarde pas systématiquement par-dessus son épaule chaque fois qu'il marche seul. Parce qu'il ne se fera jamais traiter de salope en pleine rue pour avoir refusé de sourire à un inconnu. Parce qu'il ne craint pas que ses partenaires prennent des photos de son corps nu pendant son sommeil. Parce qu'il ne pense pas au fait que son rendez-vous pourrait mettre du GHB dans son verre. Parce que son rapport à la boxe n'est pas intrinsèquement lié au féminisme. Sa colère et la mienne ne peuvent pas avoir la même composition chimique. Et les peurs qui en composent le centre ne peuvent pas être identiques. Ça me semble évident. Par contre, dans les faits, il est possible que leurs racines soient voisines ou similaires. Peut-être a-t-il été élevé par un père incestueux, lui aussi. Il se cachait peut-être sous son lit pour échapper aux coups, enfant. Peut-être a-t-il profondément souffert de la pauvreté intellectuelle et émotionnelle de sa famille. Les histoires qu'on lui racontait, petit, en étaient peut-être de violence et d'horreur. Des histoires où des gamins ne rentrent jamais de l'école. Où des oncles rôdent près de leur chambre, les soirs de fête de famille. Ses souvenirs d'enfance baignent peut-être dans la lumière glauque de l'impuissance, tout comme les miens. Le motif de ma désertion n'a donc rien à voir avec la colère, et tout avec la honte.

La remarque de l'entraîneur m'a identifiée. Je suis redevenue la fille qui a grandi dans la maison à la porte d'entrée rouge. Même si l'ensemble des choix que j'ai faits à partir de mes vingt-six ans ont eu pour objectif de m'éloigner de ma famille, une seule phrase pouvait m'y ramener de plein fouet. Les jours suivants, j'avais l'impression d'avoir une substance gluante sur la peau. Que tout le monde pouvait voir. Soudain, on allait m'accuser des crimes commis par les hommes de ma famille. Culpabilité purement génétique.

Être la fille de la maison à la porte rouge signifie être reliée par le sang à des dizaines et des dizaines d'histoires de viol et d'inceste. De pédocriminalité et de zoophilie. La violence de la famille, qui m'a été racontée à répétition, a très tôt saccagé toute possibilité d'innocence en moi. Une enfant hospitalisée après que son père a brisé presque tous les os de son corps. Des poupons agressés sexuellement. Un frère agressé sexuellement par l'autre frère. Des femmes sans papiers enfermées dans une fourgonnette pour y être violées. Trois jeunes femmes intoxiquées trouvées dans la rue et embarquées dans une voiture. Le conducteur monte le chauffage au maximum pour qu'une des jeunes filles à l'arrière finisse par se déshabiller. On m'a déjà raconté le récit d'une femme complètement saoule agenouillée de force dans les toilettes de la salle de réception d'un mariage et contrainte à faire une fellation au témoin du marié. Le mari de ma tante a molesté leurs deux enfants jusqu'à l'âge adulte. L'une des deux a épousé un homme. Cet homme a tenté d'agresser mon frère lors d'une soirée du jour de l'An. J'étais dans la petite enfance quand on m'a prévenue d'éviter de me retrouver seule dans la même pièce que C., un pédophile avéré. J'ai su très jeune que le fils d'un oncle avait agressé une des adolescentes hébergées dans leur famille d'accueil. Que je devais m'éloigner de tel autre si je portais une jupe.

Je suis la branche d'un arbre aux fruits pourris. J'ai hérité d'une généalogie où les filles et les femmes sont détestées. Et battues. Et mordues. Et violées. Et tuées à petit feu. L'entraîneur a raison. Une certaine rage m'habite depuis longtemps. Derrière, il y a la phobie de devenir ma famille entière.

Une des histoires familiales concerne le jeu du drap. Un jeu relativement simple. Il faut obliger une des femmes présentes à s'étendre sur le plancher du salon. Un drap est ensuite placé sur elle. Les instigateurs, eux, restent debout. En cercle autour du corps allongé. Il suffit ensuite, à tour de rôle, de demander à la femme de retirer un de ses vêtements. Jusqu'à ce qu'on lui demande d'enlever le drap. Certaines ôtaient un morceau ou deux avant de comprendre la blague. La conjointe d'un de mes oncles se serait déshabillée au complet. Nue sous le rectangle de coton blanc, sur lequel les ombres hilares des hommes s'allongeaient. Ma famille racontait l'histoire à qui voulait l'entendre. Le jeu prouverait la stupidité congénitale des femmes. En se pliant au jeu sans en comprendre le but, cette tante devait donc être la plus stupide d'entre toutes. Mariée à un pédophile, elle-même venait d'une famille où les viols et les coups étaient réguliers. Si un groupe d'hommes la couche sur le sol et exige qu'elle se déshabille sous un drap, elle pense sûrement qu'il est plus sécuritaire d'obéir.

Un autre homme de cette famille est déjà entré armé d'une carabine à plomb dans un dépanneur. Il connaissait bien le commis, un adolescent qui travaillait de nuit pour payer ses études. Il lui a fait croire que c'était une vraie arme à feu, qu'il s'agissait d'un braquage. Il a prétendu avoir des soucis financiers et être au désespoir. Le jeune homme a paniqué, a eu peur de mourir. Le braqueur aurait pu éjaculer sur place. Il s'est contenté de rire. Cet homme est le produit de sa famille. L'interdit l'excite. Déclencher et observer la détresse d'une femme l'excite. Les seins naissants de ses filles le faisaient bander. Il aime les cris de terreur et les visages décomposés par l'angoisse.

Il a violé son épouse à de multiples occasions. Il s'en amusait.

Il a appris à ses fils qu'il est normal de faire leur éducation sexuelle avec leurs sœurs. De tomber amoureux d'elles. De constamment essayer de les voir nues.

Il a répété si souvent à toutes les filles de la famille que nous n'avions que notre sexe à offrir.

Il a passé mon enfance à inventer des jeux sadiques censés nous humilier.

Il a consciencieusement appris à toutes les filles de la famille à se détester.

J'entrais dans la puberté quand cet individu a commencé à verbaliser le désir qu'il prétendait éprouver pour moi. Il me répétait sans cesse son désir de coucher avec moi: «si j'avais ton âge...»

J'avais douze ou quatorze ans la première fois qu'il m'a chuchoté à l'oreille une de ses préférences sexuelles: se retenir de jouir, retirer son pénis du sexe de sa femme, éjaculer entre ses fesses et regarder le sperme longer la ligne de son corps, puis tomber goutte à goutte sur les draps. Sa voix grave et humide insinuait son désir de me faire la même chose.

Je suis mortifiée à l'idée qu'on puisse deviner d'un simple regard d'où je viens. Reconnaître la nature ou la source de mes colères est reconnaître la monstruosité génétique dont je souffre. Il n'est pas rationnel de croire que l'entraîneur de boxe aurait reconnu certains traits du visage de mon père dans le mien. Il n'est pas rationnel non plus de penser qu'il a pu voir dans l'intensité de mes coups de poing la peur de devenir comme lui. Il n'est pas rationnel d'entendre dans l'écho des coups sur le sac de cuir les hurlements de douleur de ma fratrie. Il n'est pas rationnel de remarquer dans la tension musculaire de mes épaules toutes les fois où je suis restée immobile et muette devant la scène d'un corps qu'on battait. Je ne peux tout de même pas prendre le risque de retourner m'entraîner avec lui.

* * *

Enfant, la mesure de la normalité, de l'acceptable, ce par quoi je pouvais juger du caractère violent ou non d'une action ou d'une parole, avait été déterminée, d'une part, par les histoires familiales et, d'autre part, par la représentation médiatique de l'inceste et de la violence familiale. Même s'il m'arrivait de ressentir jusque dans mes os un fort sentiment d'injustice, de la honte et une colère redoutable, dans mon monde, l'anormalité était le viol de bambins et le sang qui coule. Battre son enfant au point de devoir l'hospitaliser dépassait aussi une limite. Ou le brûler avec des cigarettes. J'avais l'impression que ce que je vivais était acceptable, et non horrible. L'horreur n'était pas d'être tenue au travail forcé, de voir mes frères être régulièrement battus, d'entendre leurs hurlements de douleur depuis ma chambre, d'être captive de la peur, d'être constamment menacée de coups et frappée, d'être sexuellement désirée par les hommes de ma famille, et dénigrée. Non. L'horreur aurait été d'être enchaînée à un lit et affamée. En janvier 2018, le titre «Une maison de l'horreur en Californie» circule dans les médias. Treize enfants ont été torturés et séquestrés par leurs parents.

L'inacceptable aurait aussi été de dénoncer, puisque cela m'aurait très certainement menée à la tombe. Je pense, entre autres, à la mort d'une petite fille de sept ans, à Granby, au mois d'avril 2019. L'enfant était connue des services de la Protection de la jeunesse, des appels à la police avaient été faits, une plainte pour voies de fait avait été portée contre la belle-mère. Pourtant, cette dernière et le père avaient pu conserver la garde de la fillette. Par la suite, l'enfant est morte après avoir été ligotée à un lit et entièrement recouverte de ruban adhésif: le torse, le nez et la bouche.

Je pense aussi à Daphné Boudreault, poignardée à mort par son ex-conjoint au mois de mars 2017. Elle avait contacté, le matin même, les services policiers pour dénoncer le harcèlement dont elle était victime et demander une escorte policière pour aller récupérer ses effets personnels. Ce qui lui avait été refusé.

En 2015, Maria Nemeth a été retrouvée morte éviscérée dans son appartement en Floride, après que son partenaire eut inséré divers objets dans son vagin, dont une bouteille de bière et un fer à cheveux. Dans son évaluation falsifiée du réel, l'horreur pour ma mère aurait été d'être éviscérée par son conjoint, et non d'être violée à répétition, humiliée et coupée du reste du monde.

La gravité des violences perpétrées contre des enfants peut facilement être minimisée. Il suffirait, par exemple, de raconter à la visite les épisodes de «perte de contrôle», ceux où l'un des enfants a passé près d'être tué. Sur le même ton qu'on raconte une anecdote. Avec une certaine attention à la séquence des événements. En faisant des choix calculés par rapport au ton et à la hauteur de la voix, par rapport aux exclamations utilisées. Tout ça dans le but sans doute de maintenir l'attention des auditeur·trices. L'un des parents peut interrompre l'autre pour ajouter une remarque amusante ou pour souligner un détail. Par exemple, la mère dirait avoir déjà craint qu'une enseignante découvre les bleus sous les vêtements de son fils «le plus tannant» (lire ici: le plus souvent battu). Pendant une journée entière, elle se serait inquiétée que la Protection de la jeunesse vienne frapper à la porte. Le père déclarerait ensuite que, ce matin-là, il avait «vu noir» (il aurait sévèrement frappé son fils juste avant que l'autobus scolaire arrive). La mère ajouterait quelque chose comme «oui, mais il l'avait mérité» (il aurait simplement reproduit ce qu'on lui avait appris. En colère, il avait empoigné sa mère par la gorge avant de la pousser contre un mur). Le prétexte du père était son amour pour sa femme: personne ne pouvait s'en prendre à elle sans qu'il devienne fou de rage, même pas son fils (entendre personne d'autre que lui-même ne pouvait poser la main sur elle, oui). En entendant l'histoire pour la première fois, la famille élargie, au fond très peu émue par un récit de coups et blessures, ne retiendrait qu'une seule chose: le père aimait sa femme à la folie.

Contrôler le récit des traumas est une manière de faire taire les enfants. Mon frère qui a été le plus souvent battu est aujourd'hui adulte. Il croit encore qu'il méritait chacun des coups reçus.

Prises entre la banalisation de la situation réelle par leurs parents, la complicité silencieuse de la famille élargie et une représentation médiatique sensationnaliste de la violence, les victimes ne peuvent qu'éprouver un vertige, un déséquilibre. Enfant, un vaste écart subsistait entre ma propre pensée de l'horreur et ce que me renvoyait le reste de la société. Mon insécurité par rapport à la validité de ce que je ressentais était handicapante. Je n'arrivais pas à nommer ou à reconnaître par moi-même la violence des comportements de ma famille. Comment aurait-il pu en être autrement ? Après tout, mon père ne faisait que rejouer les codes culturels de la domination masculine à la maison. L'impression d'être irrationnelle ou d'exagérer l'impact physique et psychologique des mauvais traitements m'aura habitée très longtemps. C'est ce sentiment qui fait que les victimes s'isolent davantage. Et qui permet que les cycles se perpétuent d'une génération à l'autre.

Il y a d'autres conséquences majeures au fait que les symptômes et les séquelles traumatiques soient systématiquement invalidés par les agresseur·ses et par la machine symbolique qui leur offre protection. Cela décharge de toute forme de culpabilité les parents et les institutions sociales (notre enseignante, à ma sœur et à moi, au primaire, était au courant d'une partie des sévices, et elle n'est jamais intervenue). En l'absence de condamnation morale ou pénale, en l'absence de punition concrète, les frontières entre les coupables et les victimes, transgressées une première fois au moment des violences physiques ou sexuelles, se fragilisent. Puis elles tombent. Le comportement permissif de la société et de la famille brouille l'espace dichotomique compris entre les pôles moraux des survivant·es. Ce qui, dans la crise post-traumatique, déséquilibre à rebours les rôles de chacun·e au moment des agressions. L'absence de délimitation tranchée entre soi et l'autre entraîne une forme de prise en charge du sentiment de culpabilité, supposé déficient chez le parent. Cette identification morbide avec l'agresseur (surtout dans les cas d'inceste) entraîne une désorganisation identitaire, un chaos psychique. Les perceptions de sa conscience ou le témoignage de ses propres sens semblent soudain altérés, confus ou indignes de confiance, car le sujet, clivé, se voit à la fois comme victime et coupable.

Par exemple, dans son souvenir de « l'anecdote » parentale, mon frère s'invente armé. Il prétend qu'il tenait un couteau au moment de sauter à la gorge de ma mère. Dans cette version, mon père n'aurait eu d'autre choix que de violemment s'interposer, pour sauver la vie de sa femme. Or, c'est faux. Mon frère n'avait pas de couteau à la main. Et mon père, au moment de l'altercation, était absent. Il est rentré de sa nuit de travail plus tard. Quand tout était redevenu calme. Nous déjeunions. Si sa tendre épouse ne lui avait rien raconté, aucun enfant n'aurait passé aussi près d'être tué ce matin-là.

Bien qu'une seule tentative de meurtre ait véritablement eu lieu, le souvenir de mon frère en contient deux. Sa reconstruction erronée ne sert qu'à justifier le passage à tabac. En prenant en charge une partie du blâme, il devient symboliquement complice de notre père. Plus encore, il le transforme en sauveur des dames. Le fantasme qui enrobe le souvenir protège en quelque sorte l'image du père. Dans ce scénario, mon frère n'est plus considéré comme un simple objet de défoulement par un homme sadique. Il est un sujet corrigé pour ses fautes. Peut-être est-il arrivé à se convaincre qu'être roué de coups était une leçon qu'il avait besoin de recevoir. Qui l'aura protégé de lui-même et de ses démons. La seule chose que je sais avec certitude est que porter sur ses épaules un sentiment de culpabilité qui ne lui revient pas entrave le chemin qui mène à la dénonciation. Dénoncer le père impliquerait par le fait même de dévoiler ses propres violences. Dans le renversement qu'il porte en lui-même, où les coups sont une «punition», c'est lui, l'enfant terrible, qui brutalise ses parents et les rend «fous de rage». C'est lui, l'enfant-monstre, qui lève les poings, s'agite trop et détruit l'équilibre familial. Dans ce monde à l'envers, sa colère ne passe plus pour ce qu'elle est: une réaction légitime aux violences endurées. Elle devient le déclencheur de la rage paternelle, son point d'origine, une forme particulièrement perverse de sauvagerie. Pour mon frère, raconter son enfance reviendrait à révéler un problème de comportement antérieur aux coups reçus, un défaut inné.

Lorsque nous étions jeunes, notre culpabilité par rapport aux violences endurées, en plus d'être induite par le géniteur (mettre la faute sur ses enfants lui permettait de ne pas se remettre en question), était quotidiennement renforcée par une société qui soutenait la domination masculine et préservait la culture du viol. Mon père avait tout un système derrière lui. Qui le protégeait. Ce système l'assurait de ne jamais devoir affronter les conséquences de ses actes. Et nous laissait, nous, muets d'impuissance.

* * *

Je ne suis plus une enfant. J'ai derrière moi des années de psychothérapie. Que je ne sois en rien responsable de la négligence criminelle de mes parents, je le comprends désormais. Mes études universitaires ont porté sur la violence contre les femmes, j'ai ainsi lu des centaines de romans, d'essais et d'articles sur le sujet. J'ai dénoncé le climat incestueux dans lequel j'ai grandi. J'ai choisi un nouveau nom de famille. J'ai écrit un roman sur la misogynie de mon père (je pensais qu'après *Chienne*, j'en aurais fini d'écrire sur sa violence; c'était surestimer mon livre). Malgré tout cela. Malgré une lutte de plusieurs années censée briser tous les reflets entre lui et moi, la honte demeure entière.

Dans un monde alternatif que ma sœur et moi avons inventé, mon père est déjà mort. Je lui ai ouvert le ventre avec un couteau. Il s'est vidé de son sang avant de comprendre ce qui lui arrivait. Dans cet univers qui existe peut-être en parallèle au nôtre, j'ai quatorze ans. Je sors de ma chambre au milieu de la nuit. Descends vers la cuisine. Ne prends pas le temps d'allumer. Dans le tiroir à ustensiles, je m'empare d'un couteau à steak. Je remonte l'escalier qui mène au deuxième étage. J'ouvre la porte de la chambre de mes parents, je m'approche du lit et tue l'homme endormi auprès de ma mère. Quelques heures plus tôt, ma sœur m'a raconté comment, où et quand mon père l'a violée. Dans une réalité parallèle, il n'a pas respecté le seul interdit posé par ma mère : ne pas pénétrer le corps de ses filles. Il a forcé le sexe de ma sœur lorsqu'elle avait douze ans. Je l'ai tué le jour où je l'ai su.

Dans cette fiction, notre liberté s'obtient au prix d'un viol et d'un parricide. C'est pourtant la version la plus crédible, la plus réaliste. Par ricochet, elle protège d'autres potentielles victimes, dont j'ignore tout. Dans cette fiction, une petite fille armée de rage et d'un couteau empêche qu'une agression ait lieu des années plus tard. Dans une pièce sombre ou éclairée. Dans un appartement, une maison ou un chalet. Au bord d'une autoroute, d'un chemin de campagne ou d'un lac. Un jour de grisaille ou de grand soleil, une femme ne rencontre pas un certain homme à barbe. Cette nuit d'avenir impossible où un corps n'aura pas été violenté par un autre, les étrangères se seront sûrement endormies vite. Au chaud sous des couvertures. En sécurité.

Le droit à l'écriture

Le prix de la liberté des femmes, je voudrais en parler. Arriver au monde une seconde fois n'était possible que par la littérature. Mais elle est exigeante, la littérature. Elle aura réclamé que je me déserte. Que je sois infidèle à tout ce qu'on m'a appris. Imposé. À ce qu'on a injecté de force dans mes veines. Me réapproprier mon identité ne pouvait se faire autrement. Il m'aura fallu démanteler le formatage familial et court-circuiter les connexions héréditaires. J'ai dû quitter ma famille et mes origines pour écrire. J'ai dû voler mon droit à l'écriture. La trahison du destin familial est telle qu'un de ces jours, j'en reste convaincue, quelqu'un se présentera chez moi pour me reprendre ce droit. D'ici là, et avec un peu de chance, mon père aura eu le temps de mourir.

Chaque fois qu'on me reproche l'intensité de mes textes, je me dis que le moment est arrivé. On me demandera gentiment de rendre ce que j'ai volé et de retourner d'où je viens. Le grotesque de ma présence aura été démasqué. La laideur de mes sujets, aussi. Quand on me dit que je devrais laisser des moments d'accalmie aux gens qui me lisent, on me demande en fait de m'adapter à une conception de l'enfance qui n'est pas la mienne. On me demande d'aller déverser ailleurs l'excès des fureurs déposées en moi. Chaque fois, je comprends que ma personnalité n'a pas encore été assez affinée. Je suis pourtant entrée en littérature pour cette raison. Pour polir ce que je suis. Pour me différencier de mes parents. Pour m'éloigner de leurs deux têtes hurlantes.

La brutalité de mon père ne faisait pas dans la dentelle. Elle intensifiait toutes les émotions. Le premier savoir que j'ai retiré d'une enfance passée sous son joug est le pouvoir explosif de la haine. Même les petits gestes en contenaient une charge immense. Toute mon enfance, je me suis préparée pour le moment où le Roi se mettrait en colère. Il avait l'habitude, avant d'abattre sa fureur sur ses enfants, de s'envoler dans des bourrasques de rage. Les signes ne mentaient pas: sa poitrine se gonflait, il serrait et desserrait les poings, je pouvais voir un rictus contracter ses lèvres et deux lignes barrer son front. Ensuite, les objets volaient. Je sentais les murs se refermer sur nous, l'éclairage s'évanouir. Nous serions bientôt lancé·es à travers les pièces de la maison.

Chaque fois qu'on me dit ne pas vouloir lire mes textes par peur de cette intensité, je revis mon passé. Encore aujourd'hui, écrire sur ma famille réveille dans mes muscles et mes os une mémoire de l'effroi. Je voudrais pourtant quitter cette mémoire comme j'ai franchi le seuil de la maison familiale, sans me retourner. À vingt-six ans, j'ai claqué la porte de la seule maison de la rue qui avait une porte rouge, avec la même énergie que mon père quand il claquait nos joues. Une énergie surchargée, orageuse. Elle hébergeait la possibilité d'écrire, mais aussi une phobie pas complètement irrationnelle. J'ai longtemps cru que la consistance de mon être tenait à la peur, à sa densité, ses formes ou sa matière organique. Et qu'écrire dans le but de m'affranchir de ma famille serait le geste qui me ferait disparaître. Comme si, une fois vidés de la terreur, mes os devaient s'effriter. C'est cette phobie que cache le degré élevé de ma révolte.

Peut-être que certaines écritures portent effectivement la marque des enfances saccagées. Comme une intensité qui dépasse la mesure ordinaire du quotidien. Me reprocher cette intensité revient à me reprocher la hauteur des violences qui ont chambardé ma vie. C'est sous-entendre que j'aurais les moyens d'écrire autrement ou sur autre chose. Or, il ne me reste rien de l'enfance. Je n'ai rien d'autre à écrire que les tortures. J'ai su à l'âge adulte seulement qu'il existe des familles sans inceste. Que certains enfants ont un droit de parole à la maison. Qu'exploiter le corps de ses propres gamins est passible d'emprisonnement. J'ai su très tard qu'il y a des femmes qui ne sont pas mortes d'avoir révélé le secret de leurs colères.

Les gens qui me reprochent la trop grande violence de certains de mes textes le font sur le même ton que ceux qui me demandent pourquoi je ne me suis pas sauvée plus jeune. Lorsque j'étais encore enfant, par exemple. Beaucoup de ces personnes aiment me dire qu'elles ne seraient pas restées victimes longtemps. Elles se seraient enfuies, elles auraient fugué. Mais elles se projettent dans une réalité complètement étrangère à la leur, tout en conservant au fond de leur tête des idéaux sur la liberté et les droits fondamentaux. Elles oublient de mettre de côté leur savoir sur la dignité et le courage. Ça semble être un exercice difficile que d'imaginer une réalité où l'on vous a appris la peur avant le langage. De comprendre une vie où la plus haute forme de dignité était de recevoir les coups en silence, sans pleurer ni geindre. Il y a des milieux familiaux où répondre *Non* est un acte de pure folie, ce qui se rapproche le plus d'une tentative de suicide. Sortir en vie de ce type de milieu ne suffit pas, ne suffira jamais. Il faut s'en extirper de mille et une manières. Encore et encore. Il faut renverser un monde entier. Lutter contre tout ce que vous connaissez. Il faut chavirer, c'est-à-dire trouver en soi un point de résistance au réel et s'y accrocher. Puis démolir tout le reste. Comprendre cela, c'est comprendre le prix à payer pour survivre. C'est comprendre que l'écriture émerge parfois d'un territoire dévasté.

J'ai trouvé avec l'écriture un pouvoir d'action par lequel agir sur ma réalité; par lequel échapper au récit que ma famille m'avait imposé. Un récit limité et aliénant. Qui me prédisait une vie misérable et une mort violente. Excéder le cadre d'un récit de soi prédéterminé, prénatal, tombe peut-être dans la démesure. C'est cette démesure, en fin de compte, qu'on me refuse lorsqu'on me demande de tempérer l'intensité de mes textes. La démesure nécessaire au changement de condition sociale. De milieu. De classe. La seule susceptible de freiner la répétition de la violence.

* * *

J'ai senti la permission d'écrire sur ma famille pour la première fois à l'université. Lors de mes études de deuxième cycle en création littéraire. L'université aura été un lieu sécuritaire pour moi. Un lieu d'accompagnement où tenter de comprendre, en l'intellectualisant, comment l'horreur avait été enregistrée dans mon cerveau, et comment j'en subissais le retour des années plus tard. La peur me revenait par fragments: des cris stridents, l'image d'un corps plié sous les coups, des tremblements violents, le visage de ma sœur défiguré par la peur, la sensation d'être tirée par les cheveux. Cette enfance qui n'en était pas une s'était accrochée et se rejouait maintenant en boucle dans mes cauchemars.

Je voulais aussi comprendre les raisons pour lesquelles un père avait pu régner en tyran sur sa famille pendant des années entières sans que jamais personne ne soit intervenu. Comment avait-il pu croire aussi farouchement qu'il en avait le droit, et ma mère avec lui ? Ils envoyaient leurs enfants à l'école sans s'inquiéter des autres formes d'autorité, ou presque. Ils nous envoyaient à l'école alors que nous étions apeuré·es et tristes à en mourir.

L'accès à la création et au savoir allait donc me permettre de me détacher de la misère et de l'ignorance dangereuse de cet être qui pensait avoir toujours raison. Je voulais me positionner à l'extérieur de la violence, en déconstruire les mécanismes, ne pas sombrer. Les études littéraires me donneraient des mots, des définitions, des concepts. Les balises serrées de notions féministes ou scientifiques allaient s'élever en remparts autour de moi, structurer et contenir ma détresse. J'avais droit à la littérature, c'est elle qui me sauverait.

Il m'arrive de croire qu'entrer dans un programme d'études littéraires n'aura été que la suite logique d'une enfance passée en retrait, à analyser et à décoder les réactions de mon père. Dans une tentative pour donner un sens à ma vie, je m'explique le choix de la littérature par le fait d'avoir été une enfant battue. Après tout, c'est dans l'œil des tornades familiales que j'ai développé des capacités d'analyse et d'interprétation. Je devais lire entre les lignes, être attentive aux manifestations de la haine, créer un réseau de sens à partir de paroles et de gestes répétés, et m'adapter aux changements de règles, toutes plus arbitraires les unes que les autres. En somme, je devais constamment relier des signes entre eux afin d'essayer de prévoir les déchaînements paternels.

La vérité est que, malgré les conditions économiques difficiles de ma famille, il y avait des milliers de livres à la maison. Une imposante bibliothèque en bois couvrait tout un mur du salon. Du plancher jusqu'au plafond. Elle était remplie de romans policiers, de thrillers, d'histoires d'horreurs et de kidnappings. Ma mère dévorait les *best-sellers* achetés pas cher dans les ventes-débarras, tout comme sa mère avant elle. Tout comme aujourd'hui, je dévore des centaines de romans par année.

Lorsque des journalistes m'ont demandé si je pensais que mes parents allaient lire le roman que j'avais écrit pour dénoncer leur violence, j'ai répondu que personne dans ma famille n'était littéraire, et que, de toute façon, il n'avait pas été écrit pour eux. Il est vrai que le texte ne leur était pas adressé, mais les femmes de ma famille lisent. C'est dire l'ampleur de mon besoin d'émancipation. Je suis prête à nier qu'elles aussi lisent. Je suis prête à rejeter l'héritage maternel au complet. Simplement pour m'assurer qu'il ne reste plus aucun lien pouvant me rattacher à ces gens. J'ai voulu couper tous les ponts, par sécurité. Ma famille ne doit pas trouver par quel chemin revenir réclamer un pouvoir sur ma vie.

* * *

J'ai très tôt rêvé de devenir écrivaine. Dès que j'ai eu l'âge de formuler une pensée, j'ai commencé à inventer des fictions. À imaginer des histoires de fuite et de survie. Ma mère souhaitait la même chose pour elle. Nous partagions, chacune de notre côté, une soif de liberté et de reconnaissance. Elle pouvait passer des après-midis entiers à écrire. Elle inventait des personnages de voyantes qui prédisaient des accidents tragiques et des crimes atroces. Elle écrivait des nouvelles où des enfants luttaient pour leur vie, des récits où des tueurs en série étaient arrêtés après avoir enfoui des dizaines de corps féminins sous la terre. Vouloir être lue est le seul désir qu'elle ait jamais osé exprimer.

Elle en parlait du bout des lèvres, comme d'un secret honteux. En abandonnant ses rêves d'écriture, elle a abdiqué sa propre vie. Elle l'a laissée aux mains de mon père, son mari, un psychopathe. Écrire était le dernier droit qui lui restait. Il décidait déjà du montant de ses dépenses, de ce qui devait la faire rire, de la fréquence de leurs rapports sexuels. Il contrôlait ses opinions, ses perceptions du réel, l'éducation de ses enfants et la trajectoire de ses rêves. Le très peu de liberté qui lui était accordé, elle le prenait pour s'inventer des raisons de vivre. L'écriture est devenue hors de sa portée, un luxe de femme libre.

Bien que j'aie trouvé dans la littérature des femmes une mère de substitution, de nouvelles racines identitaires, une seconde filiation... bien que j'y aie trouvé une maison où espérer grandir... bien que j'aie dit le contraire à des journalistes... les faits ne changent pas. C'est ma mère qui m'a donné l'écriture. C'est peut-être la seule chose qu'elle m'ait offerte, mais cette seule chose offerte aura été l'arme avec laquelle me découper une nouvelle réalité, loin d'elle. L'écriture est une manière de tracer des lignes de joie dans le quotidien. Des lignes de fuite.

* * *

Je me demande souvent ce que peut l'écriture aujourd'hui pour les terreurs muettes de ma mère. Que peut-elle pour une femme qui n'a jamais habité son propre corps? Sinon, certainement elle l'aurait imposé en barricade entre ma peau et les ténèbres. Elle l'aurait soulevé à hauteur de plafond et mon corps avec lui. L'écriture doit-elle disséquer l'enfance jusqu'aux pupilles? Creuser ses os jusqu'à y retrouver le père? Andrea Dworkin prétend que le féminisme existe pour qu'aucune femme n'ait jamais à affronter seule son oppresseur. Mais comment ne pas écrire les silences avec haine quand je sais très bien que le cœur et la langue maternelle sont censés être reliés. Comment dans un même geste d'écriture tuer sa petite fille et lui révéler qu'après la colère *Je* advient seule, sans elle? Que porter la révolte jusqu'à la déchirure est la condition pour advenir dans le langage, pour y devenir sujet. Ma mère ne sait pas que mon *Je* exulte par l'écriture, qu'il émerge de moi, sa fille, qui suis prête à tout sacrifier pour pouvoir écrire mes vérités, prête à rompre les liens du sang. Quitte à ce que cela la tue, elle.

Je comprends aujourd'hui ce que peut l'écriture pour moi, ce qu'elle ordonne et aussi ce qu'elle abolit.

Mais que peut-elle pour une femme au ventre vide? Pour une femme fatiguée, absente à elle-même et au bord du gouffre? Pour celle à qui personne n'a appris que les bourreaux n'aiment pas être éclairés, qu'il suffit, pour conjurer leurs pouvoirs, d'allumer toutes les lumières de la maison, d'ouvrir les portes au grand vent et d'accepter, malgré sa propre monstruosité, de regarder. Il suffit de les regarder en face pour voir qu'après tout, ce ne sont que des hommes. Contrairement à la complicité, le refus tient aux mouvances du corps, à ses soubresauts, aux fourmillements des nerfs. Il faut contracter ses muscles, lever ses chairs, tendre les cordes vocales, la nuque dégagée. La complicité passive n'est pas moins ignoble que la complicité active. Peut-être ma mère ne le savait-elle pas.

Alors, moi, j'écris avec les lampes de la maison allumées, même le jour, et les portes de chacune des pièces sont grandes ouvertes. Les nuits où la certitude de ne jamais arriver à épuiser l'horreur m'accable, je sors du lit, j'allume mon ordinateur et j'écris. J'écrirai jusqu'à ce que la mort qu'on m'a promise dans l'enfance me retrouve. Parce que tous les monstres cachés derrière le mot *papa*, il faudra bien, un jour ou l'autre, les donner à haïr.

Quelques mythes sur l'écriture du trauma. À éradiquer. Une bonne fois pour toutes

Ça doit être thérapeutique d'écrire ses souvenirs d'enfance.

Ce qui est thérapeutique, c'est de s'asseoir dans un fauteuil peu confortable, deux fois par semaine, et de raconter à une professionnelle de la santé mentale qu'on ne fait plus la différence entre le réel et la fiction. De payer l'hypothèque de cette étrangère afin qu'elle feigne avec succès de s'intéresser au ressassement de mes phobies et de mes angoisses. Qu'elle croie à la totalité des faits emmurés en moi.

Jeter au feu ses photos d'enfance, les unes après les autres, et regarder noircir et écorner le visage de l'animal qui m'a élevée est thérapeutique. Savoir qu'il me coûterait moins de dix mille dollars pour le faire tuer aussi. S'il m'arrivait de ne pas réussir à éradiquer ce qu'il a implanté en moi, je pourrai toujours faire un retrait bancaire. À long terme, ça coûterait moins cher qu'une thérapie.

L'écriture exorcisera le trauma.

Seule l'extraction chirurgicale du lobe temporal exorciserait le trauma. Ou des lésions irréversibles au cortex cérébral. L'écriture, au contraire, lie le *Je* à l'horreur de manière plus serrée encore, elle affûte ses crêtes, ses tranchants. Elle fait du trauma le noyau solide de son existence, son point d'origine. L'écriture en revendique les droits, mais exige aussi des libertés : prendre en charge ou non, dans la forme, le principe répétitif de ses violences / en purger l'horreur, son pouvoir de fascination / raturer, sinon exploiter, les défaillances de la mémoire, ses invraisemblances et les clichés / immoler les terreurs / contrôler la cadence des battements / humaniser ses acteurs / démoniser ses acteurs / trafiquer les scénarios / dénoncer sa banalité / dénoncer sa brutalité. Reporter le trauma d'un texte à l'autre, lui inventer des images et une esthétique, lui greffer de la fiction ou réfuter son horizon, je veux bien, mais la question de l'ablation ne se pose pas.

Il faut être forte – entendu comme «courageuse», qui «ne ploie pas sous l'adversité» – pour entreprendre la description de ses terreurs.

Il faut surtout être en colère, dans une colère volcanique. Sentir qu'il n'y a plus que deux options possibles: écrire ou entrer par effraction dans la maison familiale et tout faire exploser. La colère, dans ce contexte, devient une manière de renverser la violence, de la retourner d'où elle vient, elle est la prise de conscience de ses propres limites. Le refus est radical dans la colère, il pèse ses mots. La force morale n'a donc rien à voir avec l'écriture. La force morale, c'est de réussir à repousser au lendemain son suicide, ce n'est pas d'écrire qu'un père pense à ses enfants chaque fois qu'il éjacule.

L'écriture par fragments est une forme qui relève de la facilité.

L'écriture par fragments est une forme qui reprend la logique d'un état de stress post-traumatique. Le souvenir des violences est un éclat d'obus sur le champ de bataille de l'enfance. Un morceau biographique arraché à la marche du temps. L'écriture par fragments moule les contours d'une mémoire morcelée. Tout simplement. Prétendre qu'elle traduit une paresse d'écriture, c'est refuser que les réalités des femmes qui vivent avec un trauma soient adéquatement représentées. C'est nous refuser une existence littéraire. C'est misogyne et ignare.

L'autofiction amène le pardon.

Je ne pardonne rien, moi, j'écris. J'éventre le cadavre encore chaud de mon enfance.

Remerciements

À Martine. Ce livre n'existerait pas sans toi.

À mes amies les plus proches. Manon, Mélanie, Jacinthe. Merci pour la joie et les rires, pour votre écoute lorsque je doute de tout. Merci d'être là. Vous êtes ma famille.

À Anna. Merci de rester tout près malgré la distance qui nous sépare.

Et à ma sœur, toujours. Je t'aime.

Quelques lectures

Allison, Dorothy. (1996). *Two or Three Things I Know for Sure.* New York: Penguin Books. 1995.

Angot, Christine. (2000). *Vu du ciel.* Paris: Gallimard. 1990.

Bardèche, Marie-Laure. (1999). *Le principe de répétition. Littérature et modernité.* Paris: L'Harmattan.

Boisvert, Yves. (2015). «Le juge qui disait de serrer les genoux». *La Presse.* [En ligne] https://plus.lapresse.ca/screens/b6881a2e-62db-4d71-851f-031d9ff45d09__7C___0.html

Bourdieu, Pierre. (1998). *La domination masculine.* Paris: Éditions du Seuil.

Brown, Laura S. (1991). «Not Outside the Range: One Feminist Perspective on Psychic Trauma.» *American Imago*, 48(1), 119-133.

Caruth, Cathy Caruth. (1993). «Violence and Time: Traumatic Survivals». *Assemblage*, 20, 24-25.

Caruth, Cathy. (dir.). (1995). *Trauma. Explorations in Memory.* Baltimore: John Hopkins University Press.

Delaume, Chloé. (2006). *Le cri du sablier.* Paris: Gallimard.

Delisle, Michael. (2014). *Le feu de mon père.* Montréal: Boréal.

Delvaux, Martine. (2015). «Commandements». *Liberté*, (307), 33-35.

Despentes, Virginie. (2011). *King Kong théorie.* Paris: Librairie générale française.

Dorlin, Elsa. (2017). *Se défendre. Une philosophie de la violence.* Paris: Éditions de la découverte.

Dufourmantelle, Anne. (2011). *Éloge du risque.* Paris: Payot.

Dworkin, Andrea. (2017). *Souvenez-vous, résistez, ne cédez pas* [Anthologie]. (TRADFEM, trad.). Montréal: Les Éditions du Remue-Ménage.

Ernaux, Annie. (1997). *La honte.* Paris: Gallimard.

Ernaux, Annie. (2016). *Mémoire de fille.* Paris: Gallimard.

Harel, Simon. (2008). «Fatalité de la parole: invective et irritation dans l'œuvre de Thomas Bernhard». *Études littéraires,* 39(2), 59-82.

Lewis Herman, Judith. (1997). *Trauma and Recovery: The Aftermath of Violence – From Domestic Abuse to Political Terror.* New York: Basic Books.

Morin, Violaine. (2016). «Le procès pour viol qui scandalise les États-Unis». *Le Monde.* [En ligne] https://www.lemonde.fr/big-browser/article/2016/06/08/le-proces-pour-viol-qui-captive-les-etats-unis_4942345_4832693.html

Root, Maria P. P. (1992). Reconstructing the Impact of Trauma on Personality [Chapitre de livre]. Dans Laura S. Brown et Mary Ballou (dir.), *Personality and Psychopathology: Feminist Reappraisals* (p. 229-265). New York: The Guilford Press.

Saint Phalle, Niki de. (1994). *Mon secret.* Paris: La différence.

Sofsky, Wolfgang. (1998). *Traité de la violence.* (B. Lortholary, trad.). Paris : Gallimard. 1996.

Van Der Kolk, Bessel A. et Van Der Hart, Onno. (1995). « The Intrusive Past : The Flexibility of Memory and the Engraving of Trauma » [Chapitre de livre]. Dans Cathy Caruth (dir.), *Trauma Explorations in Memory* (p. 158-182). Baltimore : The Johns Hopkins University Press.

Héliotrope

4067, boulevard Saint-Laurent, atelier 400
Montréal (Québec) H2W 1Y7
editionsheliotrope.com
facebook.com/editionsheliotrope
instagram.com/editions_heliotrope

Achevé d'imprimer le 15 septembre 2024